MUSKELVERSPANNUNGEN BEI PFERDEN LÖSEN

MUSKELVERSPANNUNGEN BEI PFERDEN LÖSEN
DER HEISSE DRAHT ZUM PFERD

von Chris Olson

Deutsche Bearbeitung
Christiane Slawik

Fotos: Christiane Slawik
Cartoon: Judith Bresser

Copyright © 1997/2000 by Cadmos Verlag, Lüneburg
Umschlag und Gestaltung: Ravenstein Brain Pool
Druck und Bindung: Westermann Druck Zwickau GmbH
Alle Rechte vorbehalten.
Abdrucke oder Speicherung in elektronischen Medien
nur nach schriftlicher Genehmigung
durch den Verlag.

ISBN 3-86127-520-1

INHALT

1. DAMIT WIR UNS RICHTIG VERSTEHEN: ÜBER MEINE ARBEIT — 6

2. RUND UM DAS DRUCKPUNKTSYSTEM — 11

2.1. Muskeln: Wo Verspannungen anfangen — 12
2.2. Das Beseitigen von Muskelverspannungen — 16
2.3. Fingerspitzen und mehr — 17
2.4. Sichere Vorgehensweise — 19
2.5. Fühlen Sie den Unterschied! — 21

3. NUR EIN EINZELNER VERSPANNTER MUSKEL, ABER... — 24

3.1. Das Gummiband — 25
3.2. Wie steht's mit der Wirbelsäule — 26
3.3. Gelenkschäden — 28

4. PHYSISCHE ENTSPANNUNG: DAS DRUCKPUNKTSYSTEM — 30

4.1. Der erste Test — 34
4.2. Die acht Regionen des Druckpunktsystems PS — 35

4.2.1. Region 1 35   4.2.5. Region 2 39
4.2.2. Region 3 42   4.2.6. Region 4 45
4.2.3. Region 5 50   4.2.7. Region 6 53
4.2.4. Region 7 45   4.3.8. Region 8 55

4.3. Der abschließende Test — 57
4.4. Wann und wie oft sollte ich das PS anwenden? — 58
4.5. Vertiefende Hinweise zu den einzelnen Regionen — 58

4.5.1. Punkt 1 59   4.5.2. Region 2 59
4.5.3. Region 3 60   4.5.4. Region 4 61
4.5.5. Region 5 62   4.5.6. Region 6 63
4.5.7. Region 7 64   4.5.8. Region 8 64

5. DIE ZWEITE HÄLFTE DES HEISSEN DRAHTES: PSYCHISCHE ENTSPANNUNG DURCH DAS MOTIVIERENDE BEZIEHUNGSTRAINING (BT) — 66

5.1. Psychischer Stress verursacht Verspannungen — 68
5.2. Das motivierende Beziehungstraining (BT): Vorgehensweisen — 71
5.3. Mister Instikt & Mr. Muskel: Das Überlebensteam des Pferdes — 76
5.3.1. Das Beziehungstraining: Ein Dialog von Mr. Instikt und Mr. Muskel — 77
5.4. Ausrüstung und Sicherheit — 84
5.5. Ausführliche Tipps für das BT — 87

6. ZUSÄTZLICHE INFORMATIONEN UND GYMNASTIK FÜR DAS PFERD — 90

6.1. Aufwärmen in Verbindung mit dem PS — 91
6.2. Wichtig und oft vergessen: Das Abkühlen — 92
6.3. Übungen zum Muskelaufbau — 94
6.4. Stretching: Sinnvolle Gymnastik für das Pferd — 99
6.4.1. Der Karottentrick — 101
Schlusswort — 106

1. DAMIT WIR UNS RICHTIG VERSTEHEN: ÜBER MEINE ARBEIT

Chris Olson mit Pferd

Über meine Arbeit

Verspannungen sind bei Pferden oft die Ursachen von Leistungseinbußen und stehen einer harmonischen Zusammenarbeit mit dem Reiter im Wege. Sicher kennen Sie solche Probleme und würden Sie gerne vermeiden. Dann sind Sie hier genau richtig und werden von mir in diesem Buch systematisch dazu angeleitet. Vielleicht gehen wir dabei einige für Sie ungewöhnliche Wege, aber ich verspreche Ihnen, dass Sie erfolgreich sein werden, ohne für sich oder Ihr Pferd ein Risiko eingehen zu müssen.

Ich beschäftige mich bereits seit langem mit Veränderungen beim Umgang mit Pferden und versuchte besonders auf dem Gebiet der umfangreichen physischen und psychischen Verspannungen mit meinem Druckpunktsystem eine effektive, leicht nachvollziehbare Möglichkeit zu entwickeln, die Allgemeinzustand und Leistungsbereitschaft unserer vierbeinigen Freunde deutlich steigert. Besonders wichtig war mir dabei eine allgemein verständliche Systematik, dargestellt anhand anschaulicher Begriffe. Jedem Pferdebesitzer wird es mit meiner Methode gelingen, das umfangreiche und verwirrende Gebiet des „Druckpunktsystems" auf Anhieb zumindest soweit zu beherrschen, dass das Wohlbefinden seines Pferdes erheblich gesteigert wird und ich werde Sie Schritt für Schritt dorthin führen. Zusätzlich werden mit dieser Art der Massage gleichzeitig Nervensystem und Körpergefühl stimuliert und gefördert.

Das Pferd ist als Fluchttier besonders auf einen gut funktionierenden Bewegungsapparat angewiesen und jede noch so kleine Einschränkung seines Bewegungsablaufes erzeugt bei ihm erhebliches Unbehagen. Psychische und physische Verspannungen können dabei die Ursache sein, sich aber auch gegenseitig bedingen.

Bei hohen Anforderungen an das Pferd, z.B. im Hochleistungs- oder Rennsport machen sich selbst minimalste Veränderungen, auch Verspannungen, schnell durch abfallende Leistungen bemerkbar und die Pferde sind dann im wahrsten Sinne des Wortes „aus dem Rennen". Was aber ist mit den unzähligen anderen Pferden, deren 260 Muskeln zwar nicht extremen Belastungen ausgesetzt werden, die aber trotzdem mehr oder weniger bewegt und gearbeitet werden? Wie können wir hier die kleinen Probleme im Muskel erkennen, aufspüren und beheben, bevor sie größeren Schaden anrichten, der später an der Hand oder unter dem Sattel auch bei geringer Belastung deutlich zu Tage tritt? Dies werden Sie in den folgenden Kapiteln erfahren.

Es ist mir durchaus bewusst, dass viele Fachleute versuchen, einem Pferd mit Beziehungstraining, Massagen und Druckpunktsystemen, Akupunktur und anderen Methoden zu helfen und sie stoßen mit ihren scheinbar neuen, in Wirklichkeit jedoch uralten, aber z.T. in Vergessenheit geratenen Vorgehensweisen auf reges Interesse. Ich möchte Sie aber mit diesem Buch dazu motivieren, höchstpersönlich einen weltweit von vielen Pferdeleuten erfolgreich erprobten Weg zu betreten. Mit dem Druckpunktsystem können Sie Verspannungen an Ihrem Pferd lokalisieren und lindern. Damit wir uns nicht falsch

Über meine Arbeit

verstehen: Ausgebildete Fachleute helfen uns bei schwerwiegenden Erkrankungen und dann brauchen wir und unser Pferd sie auch. Dennoch passiert es häufig, dass man ein Pferd z.B. mit Verspannungen oder Rückenproblemen „geheilt" aus der Tierklinik holt, eine hohe Rechnung bezahlt und dasselbe schmerzhafte Problem nach kurzer Zeit wieder auftaucht.

Diese Geschichten kamen mir bei meiner täglichen Arbeit mit Pferden immer wieder zu Ohren. Sie bedrückten mich, vor allem weil ich sicher war, dass die Pferdebesitzer manche der geschilderten Symptome mit meinem einfachen Konzept hätten vermeiden oder beheben können. Aus dieser Erfahrung heraus entstand das heutige Behandlungssystem mit verfeinerten Methoden, ein kombiniertes Konzept mit psychologischen und physiologischen Komponenten: Der heiße Draht zum Pferd. Den Weg dorthin möchte ich Ihnen kurz erläutern:

Jahrelang begann fast jede meiner Behandlungen mit der gleichen Problematik: „Chris, ich habe ein Problem mit meinem Pferd und bereits alles versucht. Bitte kümmere dich darum!" Auch wenn die Pferdebesitzer zunächst nicht wussten, was ich tat, vertrauten Sie mir, weil Sie gehört hatten, dass ich durchaus erfolgreich war und sie darüber hinaus meistens nichts mehr zu verlieren hatten. Allerdings konnte ich den Pferden bisweilen nur kurzfristig helfen und sie nicht dauerhaft von ihren Verspannungen befreien, weil eine regelmäßige Betreuung aufgrund der Entfernungen z. T. unmöglich war. Meinen ehemaligen Therapiepferden

ging es zwar gut, aber ihre Besitzer wussten nicht, wie ich das bewerkstelligt hatte, so dass sie es hätten weiterführen können. Ständig erreichten mich Anrufe mit weiterführenden Fragen und neuen Problemen, aber ich konnte mich aufgrund der Entfernungen nicht mehr um alle meine ehemaligen Patienten kümmern. Nachdem ich mit allen Disziplinen des Pferdesports zu tun hatte, entwickelte ich ein Kurssystem, das zwar möglichst allgemein und leicht verständlich gehalten war, aber dennoch einen großen Teil der spezifischen Probleme z.B. von Fahr-, Reit- und Rennpferden erfassen und beheben konnte. Ergebnis dieser Überlegungen sind die hier im Buch vorgestellten Komponenten des „heißen Drahts zum Pferd": Beziehungstraining und Druckpunktsystem. Ergänzt werden diese beiden Schwerpunkte schließlich am Ende des Buches durch verschiedene Tipps zur Gymnastizierung des Pferdes.

Dass ich damit auf dem richtigen Weg war, bestätigte mir u.a. eine Befragung von mehreren Hundert kanadischen, amerikanischen und australischen Kursteilnehmern. Inwieweit hatten sie seit dem Kurs Erfolge mit dem Druckpunktsystem und den Gymnastikübungen? Wirkte sich das auch auf ihre Tierarztkosten aus? Erfreulicherweise waren alle, die mit dem System weitergearbeitet hatten, hochzufrieden mit der seitdem unbeeinträchtigten Leistungsbereitschaft ihres Pferdes. Die Tierarztkosten sanken von durchschnittlich ca. 1500$ pro Jahr auf unter 500$. Alle diese Pferde fühlten sich vor der Behandlung aufgrund von Verspannungen unbehaglich und waren dadurch in ihrer

Über meine Arbeit

Bewegungs- und Leistungsfähigkeit eingeschränkt.

Ich möchte hier noch einmal klarstellen, dass wir, nachdem wir auch für ihre Gesundheit verantwortlich sind, alle Hilfe für unsere geliebten Pferde gebrauchen können. Tierärzte müssen aber bei ihrer Arbeit viele Enttäuschungen verkraften, denn es ist ihnen durchaus bewusst, dass so manches Pferd, das am Muskel- oder Gelenkapparat erkrankt ist, weniger leiden müsste, wenn der Besitzer besser vorgesorgt hätte. Jetzt haben sie aber die Möglichkeit, mit Hilfe des „heißen Drahtes" sich und ihrem Pferd das eine oder andere Problem zu ersparen.

In den folgenden Kapiteln werden Ihnen ein paar Ausdrücke begegnen (Türglocke, Spinnennetz etc.), die Ihnen im Zusammenhang mit Pferden bisher noch nicht bekannt sind. Diese sind aber für mich und meine Arbeit und damit jetzt auch für Sie sehr hilfreich.

Anfangs war ich viel unterwegs und traf engagierte Leute, die gerne mehr über mein Druckpunktsystem - vor allem im präventiven Bereich - erfahren wollten. Ich unterrichtete gerne, konnte aber auf Dauer unmöglich allen Interessenten, die mit verschiedenen Vorkenntnissen zu mir kamen, gleichermaßen detailliert die umfangreichen und komplizierten medizinischen Zusammenhänge sowie die lateinischen Fachbegriffe erklären. Eines Tages versuchte ich wieder einmal, Aufbau und Funktion des langen Rückenmuskels, des „Longissimus dorsi" zu erläutern und verkürzte die langwierigen Ausführungen: Ich beschrieb den Muskel

einfach als eine Art „Gummiband", das sich ausdehnt, spannt und danach wieder zusammenzieht. Jeder verstand das auf Anhieb und ich ersetzte nach und nach immer mehr Fachwörter durch anschauliche Begriffe und Bilder, die passende Assoziationen zuließen. Mir erschien dies so praktikabel, dass ich mich heute selber viel wohler damit fühle.

Sprachliche Bilder ermöglichen es mir, Fachleute und Einsteiger in Pferdeanatomie gemeinsam in einem Kurs zu unterrichten. Anstelle von langen Diskussionen um medizinisch korrekte Ausdrücke bevorzuge ich es, Erfolge in meiner Arbeit vorzuweisen. Nur diese zählen letztendlich für das Pferd und seinen Besitzer. Deshalb finden Sie in diesem Buch auch keine lateinischen Fachbegriffe. Wenn Sie alle physiologischen Hintergründe ganz genau wissen wollen, dann sollten Sie ein veterinärmedizinisches Fachbuch zu Rate ziehen.

Nach meinen bisherigen Erfahrungen kann ich Ihnen mit meinem System bei Verspannungen ein gutes Ergebnis regelrecht garantieren. Das klingt zwar anmaßend, aber ich glaube fest daran. Jahrelang habe ich es immer wieder erlebt, dass wirklich jeder bereits nach einem Unterrichtstag in der Lage war, Leistung oder Verhalten seines Pferdes positiv zu beeinflussen. Maßgeblich daran beteiligt war natürlich auch der Umstand, dass die meisten meiner Schüler nicht durch tiefergehendes Wissen um Muskelfunktionen belastet wurden, sondern jeweils nur meine Hinweise zum Achtpunk-

Über meine Arbeit

tesystem befolgten. Auch die Hinweise in diesem Buch werden so komprimiert und praktikabel wie möglich gestaltet, damit Sie bald zu guten Resultaten kommen. Wenn ich mich einige Male wiederhole, dann dient das vor allem Ihrer besseren Erinnerung und hilft zusätzlich, Kapitel einzeln nachzulesen.

Ich möchte Sie gerne auf den nächsten Seiten als Ihr Betreuer dazu anhalten, die verschiedenen Basisschritte durchzuführen. Auch wenn Sie keinerlei Erfahrung mit dem Druckpunktsystem haben - unzählige Kursteilnehmer waren in derselben Situation.

> Sie können nur dann mit dem Druckpunktsystem nichts erreichen, wenn Sie es nicht anwenden!

Nehmen Sie das Buch mit in den Stall, schlagen Sie nach und benutzen Sie es wie einen Ratgeber. Im Laufe der Zeit werden Sie es Punkt für Punkt in den Griff bekommen. Lassen Sie sich nicht entmutigen. Aller Anfang ist schwer, aber bald sehen Sie, was Sie bewirken und Sie werden von selber weitermachen wollen! Genauso wie Hufeauskratzen und Satteln wird das schnelle Abchecken Ihres Pferdes mit kurzer Behandlung der Problemzonen bald Bestandteil Ihrer täglichen Stallroutine sein und Sie können sich dann gemeinsam mit Ihrem Pferd an den Ergebnissen freuen.

2. RUND UM DAS DRUCKPUNKTSYSTEM

Tatsächlich ist das Druckpunktsystem (englisch: Pressure Point System, oder „PS") nichts Neues. Es wurde auch nicht von mir erfunden sondern wird in verschiedenen Ausprägungen bereits seit über 3000 Jahren angewendet. Ich habe dieses alte Reiterwissen nur gesammelt und komprimiert, wobei jedoch meine hier vorgestellte Systematik nicht jeden Muskel berücksichtigt. Sie konzentriert sich auf acht Regionen am Pferdekörper, die sich in den letzten 20 Jahren meiner Arbeit eindeutig als die - in puncto Verspannungen - anfälligsten Bereiche herausstellten.

Das Wissen, inwieweit sich ein in seiner Funktion eingeschränkter Muskel negativ auf umgebendes Gewebe und damit auch auf andere Muskeln auswirkt, werde ich Ihnen vermitteln. Weiter brauchen Sie aber nicht mehr zu tun, als Ihre Finger und Augen für Verspannungen zu sensibilisieren und sich aufbauende Problemzonen einfach zu beseitigen. Die acht Punkte helfen Ihnen anfangs dabei, Ihr ganzes Pferd regelmäßig komplett zu überprüfen, bis Ihnen der tägliche Check ganz selbstverständlich erscheint.

Sie können davon ausgehen, dass Sie als Anfänger zu Beginn Ihres PS-Trainings nur wenige der Verspannungen aufspüren. Das klingt zunächst nicht gut, aber nach ein paar

---

> Das Wichtigste am PS ist, dass wir damit nicht Symptome, sondern direkt die Ursache vieler Probleme anpacken.

Wochen sammeln Sie so schnell Erfahrungen, dass Ihre Erfolgsrate sprunghaft ansteigt. Das ist das ganze Geheimnis des PS: Sie müssen es einfach nur tun und bevor Sie es merken, werden Sie schon Ihre Erfahrungen mit anderen Pferdeleuten und -freunden teilen.

2.1. MUSKELN: WO VERSPANNUNGEN ANFANGEN

Rund 260 Muskeln halten unser Pferd „auf Trab", indem Sie sich zusammenziehen und damit Knochen, die mit dem Muskel durch Sehnen verbunden sind, in die Kontraktionsrichtung ziehen. Jeder Muskel hat dabei einen Partner, der mit ihm zusammenarbeitet. Die Anspannung des einen Muskels kann nur erfolgen, wenn sich der andere, gegenläufig arbeitende, komplett entspannt und vollständig streckt. In dieser Enspannungsphase wird er zum einen mit Blut und Sauerstoff betankt: Brennstoff, den er während der Kontraktion wieder verbraucht, zum anderen werden die dabei entstehenden Abfallprodukte (Kohlendioxid und Milchsäure) abtransportiert. Damit sich der Organismus reibungslos bewegen kann, müssen also alle Bereiche miteinander zusammenarbeiten.

Verursacht durch Druck, Stöße, Verletzungen oder Krankheiten kann sich ein Muskel „vor Schreck" zusammenziehen. Er verkrampft vielleicht zunächst nur teilweise, wird aber an dieser Stelle nicht mehr ordentlich durchblutet. Andere Muskelfasern müs-

Rund um das Druckpunktsystem

sen die Arbeit der lahmgelegten Kollegen mitübernehmen, werden ihrerseits überfordert - die Verspannung breitet sich aus. Auch die Sehnen werden davon in Mitleidenschaft gezogen, können sogar ursächlich daran beteiligt sein.

In der Abb.1 zeige ich Ihnen einen Muskelkörper mit seiner dazugehörigen Sehne. Beide Teile sind an einer Verspannung beteiligt, denn wo glauben Sie, beginnt so manche Muskelverspannung? Am Muskelkörper oder eventuell schon an der Sehne? Meine Antwort ist: An der Sehne. In Abb. 2 sehen Sie das noch einmal genauer: Muskel und Sehne arbeiten sehr eng zusammen.

Die kleinen Linien stellen Tausende von haarähnlichen Fasern dar, die am einen Ende der Sehne ansetzen und bis zum Muskelkörper reichen. Der grüne Punkt ist eine Ansammlung von Gewebeflüssigkeit, ein Ödem. Ödeme haben verschiedene Funktionen. So sorgen sie u.a. im Muskel wie „Putzfrauen" für den Abtransport alter und abgestorbener Zellen. Wie aber kommt das Ödem in die Sehne?

Wenn ein Gewebe durch Überbelastung, Krankheit, Operation oder andere Gründe beschädigt wurde, sammelt sich zwischen den Fasern Gewebeflüssigkeit an. Das wäre noch nicht so schlimm, weil sie sich normalerweise von selbst abbaut - vor allem durch Bewegung. Wenn dies dem Pferd aber nur eingeschränkt oder gar nicht möglich ist, wie z.B. bei krankheitsbedingten langen Stehzeiten, dann wird sich das Ödem nach ca. vier Monaten verhärten.

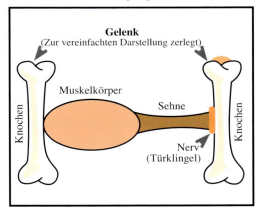

1: Stark vereinfacht dargestellter Muskelkörper, der mit einer Sehne am Knochen befestigt ist.

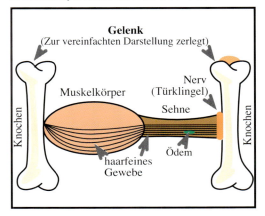

2: Muskelkörper mit Sehne, in der ein Ödem sitzt.

Rund um das Druckpunktsystem

Solange der mikroskopisch kleine Punkt nicht größer wird und weitere Fasern erfasst, bemerken Sie zunächst aller Wahrscheinlichkeit nach keinerlei Beeinträchtigung der Leistung oder des Wohlbefindens Ihres Pferdes. Erst wenn ca. 30% des Gewebes verklebt sind, können Sie eine deutliche Veränderung im Verhalten feststellen. Dies äußert sich z.B. in „Kitzelstellen" beim Putzen, Sattelzwang, Widersetzlichkeiten beim Biegen oder Stellen, in verminderter Leistungsbereitschaft, eingeschränkter Aufrichtung oder Versammlung, in vermehrtem Scheuen u.v.m.. Schuld daran sind aber nicht die vielzitierten „Launen" Ihres Vierbeiners, sondern vielmehr sein Unbehagen über die bisher von Ihnen unbemerkte, aber inzwischen schmerzhaft angewachsene Verspannung. Und ich frage jetzt: Wann begannen diese Schwierigkeiten beim Pferd? In dem Moment, als Sie diese bemerkten, oder vielmehr Wochen, Monate oder sogar Jahre davor?

Was passiert, wenn ca. 30% der Sehne mit einem Ödem verklebt ist? Das feine Gewebe hängt mit den Muskelfasern zusammen und in Folge davon sind auch ca. 30% des Muskelkörpers betroffen: Die Durchblutung ist eingeschränkt, der Muskel funktioniert nicht mehr einwandfrei. Er büßt einen großen Teil seiner Flexibilität ein und dadurch verkürzt sich letztendlich die Muskel-Sehnen-Einheit (Abb. 3).

Zwischen der Sehne und dem Knochen befindet sich ein Nerv (Abb. 4), den ich hier schlicht die „Türklingel" nennen möchte. Er wird uns helfen, auch ohne anatomische Vorkenntnisse oder Muskelschaubilder Verspan-

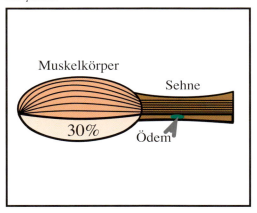

3: Durch Ödeme verklebtes und verkürztes Gewebe: Bedingt durch die Ödeme verklebt das Gewebe und verkürzt sich dadurch. Bei ca. 30% Beeinträchtigung des Gewebes wird die Verspannung sichtbar oder beim Reiten spürbar.

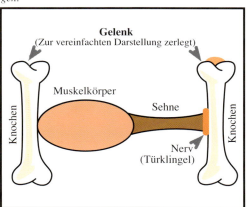

4: Muskel-Sehne-Nerv: Zwischen Sehne und Knochen gibt es einen Nerv. Dieser Nerv wird im Falle einer Verspannung innerhalb der Muskel-Sehnen-Einheit auf Druck reagieren und uns dies wie eine Türglocke anzeigen.

Rund um das Druckpunktsystem

nungen am Pferd zu lokalisieren. Laien und Experten können damit gleichermaßen arbeiten.

Machen Sie mit mir einen kleinen Versuch! Er wird Ihnen im weiteren Verlauf des Buches das Verständnis erleichtern:

- Entspannen Sie Ihre Hand (Abb.5) und drücken Sie dann wie bei einer Türklingel mehrmals fest auf Ihre Sehnen. Sie werden wahrscheinlich nicht viel spüren.

- Jetzt machen Sie bitte eine Faust (Abb.6, Sie simulieren damit eine Verspannung) und drücken erneut. Wenn das an der gezeigten Region fest genug geschieht, dann werden Sie schnell spüren, wenn der Nerv einen leichten Schmerz signalisiert, die „Glocke" also klingelt.

Dasselbe passiert, wenn sich ein Ödem in einer Sehne festsetzt. Praktischerweise „klingelt" diese Glocke regelmäßig, wenn ein Ödem in der Sehne „zu Hause" ist und Sie können davon ausgehen, dass Sie bereits bei einem 5%igen Ödem anschlägt.

Ich habe bereits angesprochen (Abb.3), dass sich eine ca. 30%ige Beeinträchtigung der Sehne durch ein Ödem auch für das ungeschulte Auge in Problemen beim Bewegungsablauf bemerkbar macht. Jetzt aber wissen Sie, dass Sie mit Hilfe der „Türklingel" durchaus in der Lage sind, schon kleinste Verspannungen zu erkennen. Mit anderen Worten:

Wir werden mit dem PS unsichtbare Verspannungen aufspüren, BEVOR sie sich sichtbar negativ auf unser Pferd auswirken. Warum sollten wir warten, bis ein offensichtliches Problem auftritt? Durch die Glocke können Sie es SOFORT finden und beseitigen.

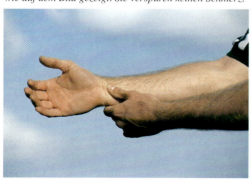

5: Strecken Sie Ihren Unterarm bei entspannter Hand aus. Erfühlen Sie mit festem Daumendruck die Sehnen wie auf dem Bild gezeigt. Sie verspüren keinen Schmerz.

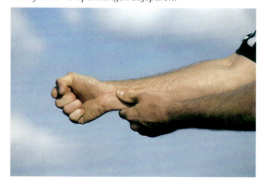

6: Nun ballen Sie Ihre Hand zur Faust. Sie simulieren damit ein angespanntes (verspanntes) Gewebe. Drücken Sie erneut mit derselben Intensität an derselben Stelle des Sehnenansatzes. Sie werden schnell feststellen, dass es schmerzt. Das ist der Nerv, der Ihnen wie eine Türklingel die bewusst provozierte Verspannung anzeigt. Mit Hilfe dieses Nervs am Sehenansatz können wir auch bei Pferden Verspannungen aufspüren.

Rund um das Druckpunktsystem

2.2. DAS BESEITIGEN VON MUSKELVERSPANNUNGEN

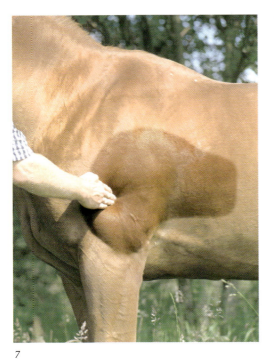

7

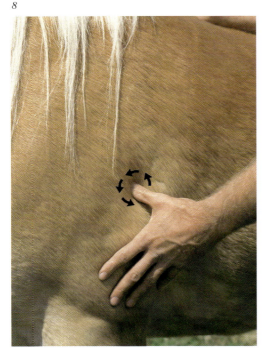

8

Wenn man sich ein Muskelbild vom Pferd ansieht, dann erkennt man Hunderte von großen, mittleren und kleinen Partien. Damit möchte ich Sie nicht verwirren, sondern ich beschränke mich bei meinem PS auf acht Regionen. Mit dem „Türklingelkonzept" können Sie innerhalb dieser vorrangigen Bereiche problemlos auch ohne Kenntnis von Name und Lage der Muskeln Verspannungen erkennen und beheben.

Gleich zu Beginn unseres Trainings möchte ich Ihnen eine kleine, praktische Einführung in das PS geben, welche die weitere Arbeit veranschaulicht und später natürlich anhand der Region 4 vertieft erklärt wird. Glauben Sie mir: Einfacher können Sie nicht lernen, Muskelverspannungen zu finden.

Das Schwierigste ist für mich nur, Sie dazu zu bringen, es tatsächlich auszuprobieren! Gehen Sie mit dem Buch zu Ihrem Pferd und versuchen Sie, die nächsten Schritte direkt an Ihrem Vierbeiner nachzuvollziehen.

7: Innerhalb der gekennzeichneten Region werden Sie nun testen, ob Ihr Pferd dort Verspannungen hat.

8: Bewegen Sie nun an den Stellen, wo Sie Verspannungen gefunden haben (dort hat der Nerv als Türklingel angeschlagen...), Ihren Daumen gegen den Uhrzeigersinn mit kleinen kreisförmigen Bewegungen. Benutzen Sie ungefähr denselben Druck, den Sie gebraucht haben, um in unserem Versuch von Abb.6 etwas an Ihren Sehnen zu spüren.

16

Rund um das Druckpunktsystem

Auch wenn Sie sich gerade gemütlich zu Hause in Ihre Leseecke zurückgezogen haben, lassen Sie uns gemeinsam die ersten Übungen tun, damit wir so bald wie möglich erfolgreich sein können - im Interesse Ihres Pferdes!

So, jetzt stehen Sie hoffentlich bei Ihrem Pferd. Schauen Sie sich Abb. 7 an. Diese Region ist für mich sehr hilfreich, wenn ich Pferdebesitzern kleinere Verspannungen zeigen möchte, die sich schnellstens von jedermann beheben lassen. Diesmal sind Sie der Schüler!

> Alle Bewegungen am Pferd sollten gegen den Uhrzeigersinn erfolgen!

2.3. FINGERSPITZEN UND MEHR

Bei der Beseitigung von Ödemen wird sehr häufig eine kreisförmige Drucktechnik eingesetzt. Später werde ich noch einmal darauf zurückkommen. Abb. 8 zeigt einen Daumen, der fest und gleichzeitig kreisförmig auf unsere Arbeitsregion drückt. „Fest" ist ungefähr derselbe Druck, den Sie anwenden mussten, um bei Ihnen selbst die „Glocke läuten zu lassen". Machen Sie ruhig noch einmal den Versuch von Abb. 6: Sie ballen die Hand zur Faust und drücken so fest auf die Sehnen, bis die Glocke anspricht. Bewegen Sie nun Ihren Finger unter Druck leicht kreisförmig. Stellen Sie sich vor, wie Sie damit die zähe

Gewebsflüssigkeit aufbrechen und die Sehne stimulieren. Es ist wichtig, sich daran zu erinnern, wie fest Sie auf Ihr eigenes Handgelenk drücken müssen. In den folgenden Kapiteln werden wir uns immer wieder darauf beziehen, um daran den Druck abzuschätzen, den Sie für Ihr Pferd benötigen.

Ganz vereinfacht möchte ich Ihnen nun die weiteren Auswirkungen des „Drückens" schildern:

Eine Stimulierung der Sehne regt das Gehirn dazu an, Substanzen auszuschütten, welche ca. 10 Minuten später die Durchblutung der angeregten Region deutlich erhöhen. Dies lässt sich sehr deutlich mit Wärmebildern des Pferdekörpers nachweisen. Alle behandelten Punkte zeigen noch Stunden nach der Behandlung eine deutlich erhöhte Durchblutung. Die verbesserte Versorgung hilft wiederum dem angrenzenden Muskel, im Verlauf der nächsten drei Stunden besonders elastisch zu sein. Genaueres erfahren Sie in medizinischen Büchern, aber ich möchte ja nur, dass Sie grob verstehen, was passiert. Alles Weitere zeigt sich bei der Arbeit mit dem PS. Auf geht`s - aber vorher sollten Sie unbedingt einige Sicherheitstipps beachten:

Rund um das Druckpunktsystem

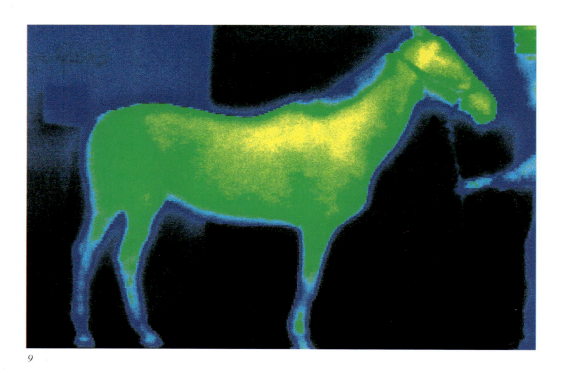

9

10

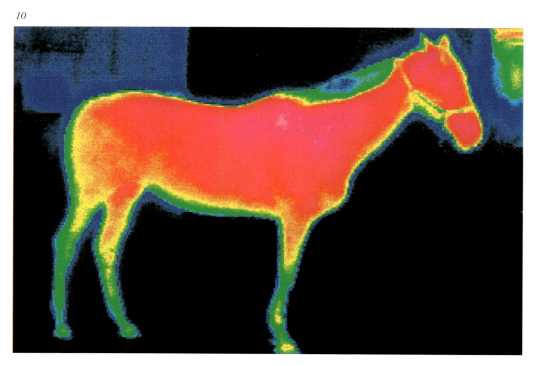

2.4. SICHERE VORGEHENSWEISE

Bitte nehmen Sie diese Hinweise ernst, denn der eine oder andere vierbeinige Patient verspürt vor der Erleichterung zunächst einmal Schmerz und könnte bisweilen am Anfang unberechenbar heftig reagieren. Dies gibt sich aber sehr schnell, sobald die Behandlung wirkt.

- *Arbeiten Sie nie länger als fünf Minuten an einer einzelnen Region. Normalerweise genügen bei regelmäßigem Check ein bis zwei Minuten. Zu Beginn des PS, wenn die alten Verspannungen noch tiefer sitzen, müssen Sie die Behandlung einfach öfter wiederholen.*

- *Massieren Sie nicht bei erhöhter Temperatur oder gar Fieber, bei Entzündungen, Herzproblemen oder Hautekzemen.*

9/10: Damit Sie gleich zu Beginn des Buches restlos davon überzeugt werden, wie viel Gutes das Druckpunktsystem für die Durchblutung eines Pferdes tun kann, möchte ich Ihnen zwei Infrarotwärmebilder eines ehemals stark verspannten Pferdes vor (9) und nach einer Behandlung (10) zeigen. Bedingt durch Muskelverspannungen war die Durchblutung der Muskulatur und damit die Wärmeabstrahlung des Körpers dieses Pferdes deutlich eingeschränkt. Gelbe und rote Farben zeigen, ohne dass das Pferd bewegt wurde, nur aufgrund der Behandlung mit dem Druckpunktsystem eine langanhaltende, starke Wärmeentwicklung aufgrund erhöhter Durchblutung ehemals verspannter und verklebter Gewebeteile (vormals blau).
Die Bilder wurden freundlicherweise von dem Thermografieexperten Wilfried Schlosser aus Altenkirchen zur Verfügung gestellt.

- *Benutzen Sie zunächst ein einfaches Stallhalfter mit kurzem Führstrick.*

- *Arbeiten Sie auf keinen Fall in der Box. oder in einem anderen engen Raum. Sie und Ihr Pferd brauchen beide Platz zum Bewegen.*

- *Die Pferde können aufgrund der mitunter langjährigen Schmerzen unerwartet heftig reagieren, auch die bravsten! Dies sollte Sie aber umso mehr in Ihrer Arbeit mit dem PS bestärken, damit es Ihrem Pferd bald besser geht. Vermindern Sie einfach den Druck wie beim gefühlvolleren Gasgeben! Mit zunehmender Lockerung des Gewebes können Sie dann wieder stärker drücken.*

- *Der Druck kann anfangs durchaus ein bisschen unangenehm für das Pferd sein (das gibt sich bald), aber es darf keinesfalls völlig aufgeschreckt werden.*

- *Im Falle eines Ausweichens und Wegdrehens des Pferdes (was anfangs häufig passiert, bis das Tier merkt, wie gut ihm das PS tut und es sich regelrecht gegen die drückenden Finger stemmt) empfehle ich, auf der anderen Seite eine Hilfsperson zu plazieren. Benutzen Sie auch das Beziehungstraining von Kapitel 5, um Ihr Pferd gelassener zu machen.*

- *Alle Kleintiere (Hunde, Katzen), sowie Hindernisse (Putzkästen etc.), sollten während einer Behandlung im Hof oder in der Stallgasse entfernt werden, damit man beim eventuell notwendigen Ausweichen nicht darüber stolpert! Ebenso ist es für interessierte Beobachter ratsam, zunächst aus sicherer Entfernung zuzusehen, bis deutlich wird, dass keine Gefahr besteht.*

Rund um das Druckpunktsystem

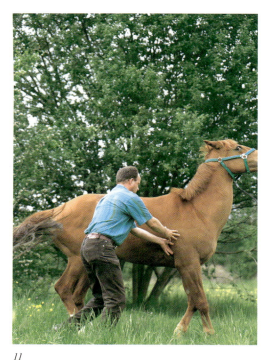

11/12: Hier wird ein Pferd getestet, das starke Verspannungen hat. Es schlägt mit Kopf und Schweif, tänzelt herum und steigt sogar (Abb. 12), um dem Schmerz, der bereits durch leichten Druck ausgelöst wurde (die Türklingel) auszuweichen. Bitte beachten Sie unbedingt die Sicherheitshinweise, wenn Sie sich noch nicht ganz sicher sind, wie stark die Verspannungen Ihres Pferdes sind.
Die abgebildete Fuchsstute stand vor dem Test in dieser Region völlig ruhig da und explodierte bei leichtem Herumstochern regelrecht. Das ausrangierte Schulpferd war erst kürzlich von einer Reitschülerin erworben worden. Die neue Besitzerin stand fassungslos vor dem steigenden Tier - hatte sie doch das Pferd als ein besonders anhängliches in Erinnerung! Nach der Behandlung, erlöst von den jahrelangen Verspannungen, konnte die Stute ihr neues Leben als Freizeit- und Familienpferd besser genießen...

11

12

Rund um das Druckpunktsystem

2.5. FÜHLEN SIE DEN UNTERSCHIED!

Drücken Sie jetzt Ihr Pferd fest auf den Punkt, den Abb. 8 zeigt. Sie brauchen keinerlei Bedenken zu haben, das Pferd mit Ihren Fingerspitzen zu verletzen! Denken Sie nur daran, wie rüpelhaft Pferde auf der Koppel miteinander umgehen, wie sie sich selbst spielerisch beißen und schlagen! Ich versichere Ihnen, dass Ihr Finger keinen Schaden anrichten kann.

Also los - drücken Sie auf die Gegend von Abb. 8. Nachdem Sie dieses Buch wohl lesen, weil Ihr Pferd Verspannungen hat, bin ich mir sicher, dass Sie zum größten Teil ein mehr oder weniger starkes Zusammenzucken hervorrufen werden. Die Glocke läutet, dort ist eine Verspannung zu Hause! Ansonsten „stochern" Sie mit Ihrer Fingerspitze innerhalb der ganzen Region gezielt um diesen Punkt herum. Dies sollte so fest geschehen, dass Ihre Fingerspitzen regelrecht vom Pferdekörper aus zurückschnellen. Beobachten

13: Wenn Sie in dieser Region eine Verspannung mit Hilfe der „Türklingel" gefunden haben, dann beheben Sie sie jetzt! Suchen Sie mit dem Daumen an der gezeigten Stelle einen Muskelbauch von ca. zwei bis drei cm Größe. Bewegen Sie Ihren Finger hin und her und erfühlen Sie nach unten hin die Verjüngung des Muskels. An seinem Ende finden Sie den Sehnenansatz. Dort setzen Sie mit Ihren kreisförmigen Fingerbewegungen an. Arbeiten Sie einige Minuten. Dann gehen Sie zurück zu der Stelle, an der Sie die Verspannung aufgespürt hatten und überprüfen Sie die Reaktion. Haben Sie 1% Verbesserung? Glückwunsch! Sie werden bestimmt noch mehr Erfolge mit dem Druckpunktsystem erzielen.

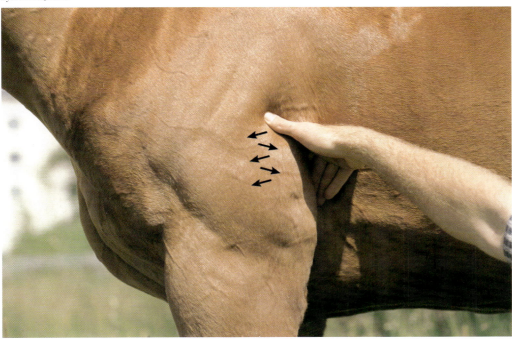

Rund um das Druckpunktsystem

Sie, wo und wie stark die Glocke anschlägt, wobei es nicht immer so schlimm enden muss, wie in Abb. 11/12. Zuckt Ihr Pferd mit der Haut? Schlägt es mit dem Kopf oder Schweif? Tauchen diese Reaktionen auch beim Putzen auf?

Machen Sie weiter, auch wenn die Reaktion nur minimal ist, denn ich möchte, dass Sie lernen, verschiedene Druckstärken zu unterscheiden.

Mein Ziel ist es jetzt, dass Sie, auch wenn Sie zum ersten Mal mit dem PS arbeiten, die versprochenen 1% Unterschied erreichen. Wie in Abb. 11/12 haben Sie bisher geschaut, wo eine Verspannung vorliegt, also „zu Hause ist", weil die Klingel - das Zucken anspricht.

Setzen Sie jetzt Ihren Daumen an den Punkt von Abb.13 an. Drücken Sie fest und halten Sie den Druck, während Sie ihn hin- und herschieben. Dabei spüren Sie einen Muskelkörper (etwa ebenfalls daumengroß) unter dem Fell. Gut! Bewegen Sie Ihren Daumen weiter, reiben Sie ihn in allen Richtungen auch nach oben und unten über diesen kleinen Muskelkörper. Schließlich fühlen Sie, dass der Muskel weicher und damit auch kleiner wird, bis er fast nicht mehr zu spüren

14 : Die kreisförmige Fingerspitzentechnik ergänzt die Daumentechnik und findet bei mehreren Regionen des Druckpunktsystems Verwendung. Damit Sie einen möglichst großflächigen und gleichmäßigen Druck ausüben können, benutzen Sie nur die mittleren drei Finger. Drücken Sie wiederum in kleinen Kreisen gegen den Uhrzeigersinn. Die Fingerspitzentechnik ist außerdem recht hilfreich, wenn Ihr Daumen vom Drücken etwas ermüdet ist...

Rund um das Druckpunktsystem

ist. Dann arbeiten Sie an derselben Stelle noch einmal mit der kreisförmigen Fingerspitzentechnik (Abb.14).

Am liebsten würde ich neben Ihnen stehen, um Sie persönlich bei Ihrer Arbeit zu betreuen, aber auch wenn es alleine etwas länger dauert - Sie werden zu einem positiven Ergebnis kommen. Vertrauen Sie auf die Glocke, die Ihnen zeigt, ob eine Verspannung zu Hause ist! Wenn Sie die von Ihnen aufgefundene Verspannung dort nicht ganz „wegdrücken" konnten, wird die Glocke auch weiterhin läuten. Aber jetzt ist Ihr Gedächtnis gefragt:

Erinnern Sie sich, wie stark das Pferd an welcher Stelle reagiert hat, als Sie diese bestimmte Region vor ein paar Minuten das erste Mal durch Fingerdruck gecheckt haben? Wenn Sie sich genau an meine Anweisungen gehalten haben, eine Türklingel gefunden und die Verspannung entsprechend behandelt haben, dann sollte die Reaktion Ihres Pferdes nach 10 Minuten um mindestens 1% gesunken sein - wenn nicht noch mehr. Ist das genug? JA, denn jedesmal, wenn Sie wieder mit dem PS arbeiten, wird sich das Ergebnis weiter verbessern.

Sie können die Reaktion auch gut mit der anderen, nicht behandelten Körperseite vergleichen, die wie gewohnt „kitzelig" reagiert, während auf der mit dem PS gearbeiteten Seite eine geringere Reaktion auftritt. Wenn Sie die Verspannung übersehen haben - kein Problem! Versuchen Sie es noch einmal (vielleicht auch an einem anderen Pferd, das stärkere Probleme hat) wie beschrieben und sicher werden schließlich auch Sie fündig. Sie dürfen nicht aufgeben. Übung macht beim PS wirklich den Meister, aber ein bisschen Geduld hilft auch dabei...

Ich gratuliere Ihnen jetzt aber erst einmal, denn Sie haben soeben gelernt, wie man eine Verspannung findet und beseitigt. Sie werden sich jetzt erstaunt fragen: „So einfach ist das? So wenig Aufwand bringt derartig gute Ergebnisse?" SICHER! Es ist wirklich so einfach, aber das haben Sie ja inzwischen selbst erfahren. Auch die anderen Punkte werden Sie später so ähnlich behandeln. Wichtig ist zunächst einmal, dass Sie wissen: Ich kann das auch!

Lassen Sie uns jetzt, frisch motiviert, noch etwas Theorie besprechen und erfahren, warum ein einzelner verspannter Muskel tatsächlich den gesamten Bewegungsablauf eines Pferdes beeinträchtigt.

3. NUR EIN EINZELNER VERSPANNTER MUSKEL, ABER...

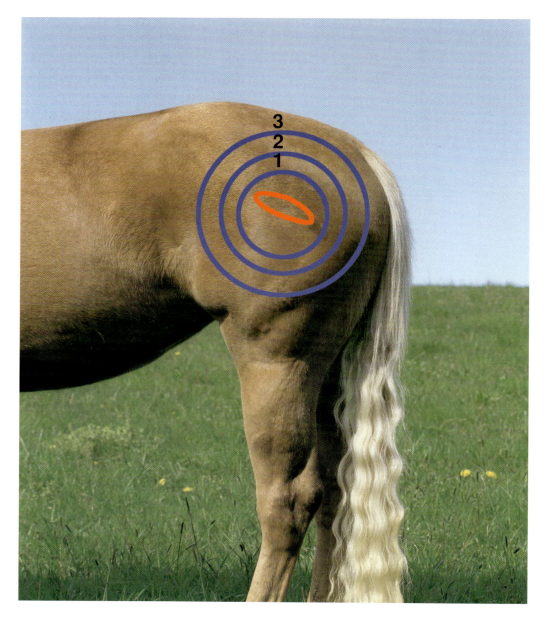

Das gesamte Muskelsystem eines Organismus ist wie ein Spinnennetz miteinander verwoben. Ein einzelner verspannter Muskel beeinträchtigt daher durchaus alle anderen, die gesund sind.

Auf Abb. 15 kennzeichnet die rote Zone einen verspannten Muskel. Wie wir schon in Kapitel 2.1. (Abb. 3) gesehen haben, verkürzt sich eine Muskel-Sehnen-Einheit, wenn ein Ödem im Gewebe steckt, da die miteinander verbundenen Sehnen- und Muskelfasern verkleben und an Elastizität einbüßen.

Daraufhin passiert ungefähr Folgendes: Wenn die rot markierten Muskelfasern ihre Aufgaben nicht mehr 100% ausführen können, werden sie ihre Nachbarn „fragen", ob sie ihnen nicht behilflich sein könnten. Der rote Muskel wendet sich also an die blaue Gruppe 1. Die hilft zwar, hat daraufhin aber auch mehr zu tun und bittet ihrerseits die Gruppe Blau 2 um Hilfe. Nach einer Weile fühlt diese ebenfalls die zusätzliche Belastung, spricht Gruppe Blau 3 an usw. Wie in einem Spinnennetz werden so alle Muskeln rund um den verspannten Bereich nach und nach negativ beeinflusst.

Auf diese Weise breitet sich das ursprünglich eng begrenzte Problem aus. Wenn z.B. die rechte Kruppenhälfte oder Hinterhand durch Verspannungen nur noch eingeschränkt einsatzfähig ist, wird sich die Beeinträchtigung irgendwann einmal auf die linke Schulter oder Vorderhand auswirken. Warum das? Alle Bewegungen brauchen eine diagonale Stütze und so wird das diagonale Pendant der verspannten Hinterhand versuchen, den Mangel an Kraft zu kompensieren, damit ein gleichmäßiger Bewegungsfluss in Harmonie mit dem anderen diagonalen Beinpaar gewährleistet ist.

Mitten drin in diesem Geschehen steckt unser bereits erwähntes „Gummiband", der große Rückenmuskel, den ich Ihnen im nächsten Kapitel näher vorstellen möchte.

3.1. DAS GUMMIBAND

Es gibt einen sehr großen Muskel (Longissimus dorsi, Abb. 16) an der Rückenpartie des Pferdes, den ich als eine Art „Gummiband" bezeichnen möchte. Er verbindet und koordiniert die Bewegungsabläufe zwischen der Vorder- und der Hinterhand. Im gezeigten Beispiel stehen die Muskeln der rechten Vorderhand (Region 1) und die der rechten Hinterhand (Region 2) unter Spannung. Beachten Sie, in welche Richtung die Kräfte wirken und sich die Pfeile bewegen (1 = vorwärts, 2 = rückwärts). Selbst im Stand versucht das „Gummiband" in seine entspannte Ausgangssituation zurückzuspringen, kann es aber nicht, wenn eines seiner Enden in

15: Der rot gekennzeichnete Bereich ist ein verspannter Muskel. Seine eingeschränkte Bewegung muss von der umliegenden blauen Muskelgruppe durch Mehrarbeit kompensiert werden. Dies beeinflusst wiederum andere umliegende Muskelgruppen Blau 2, Blau 3 usw. Nach und nach wirkt sich somit die kleine Verspannung auf einen größeren Bereich aus und beeinträchtigt damit sogar Muskelgruppen an völlig anderen Körperregionen (Siehe Text).

Nur ein einzelner verspannter Muskel, aber...

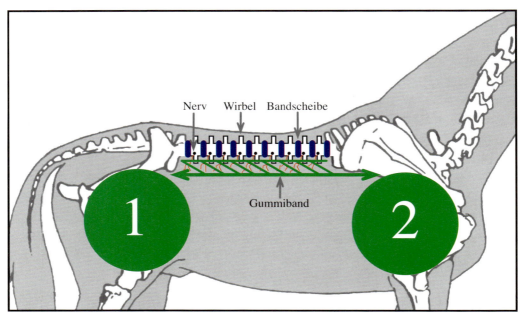

16: Der große Rückenmuskel des Pferdes („Longissimus dorsi"- in der Grafik stark vereinfacht dargestellt), soll in diesem Buch als „Gummiband" bezeichnet werden. Je nach Bewegungsablauf dehnt sich dieses Gummiband oder schnellt in seine Ausgangsposition zurück. Aufgund der anatomischen Zusammenhänge wird der Rücken im Falle einer Verspannung innerhalb der Vorder- oder Hinterhand automatisch ebenfalls negativ beeinflusst.

einer Muskel-Sehnen-Einheit untergebracht ist, die sich durch Verspannungen verkürzt hat. Egal ob sich das Pferd bewegt oder steht: Das Gummiband steht immer unter Spannung.

Rückenprobleme verursachen bei vielen Pferden Schmerzen. Im Sport bedeuten sie oft den Anfang vom Ende. Glauben Sie nicht, dass Sie dieser Gefahr durch Gelkissen oder dicke Pads entgehen können. Das ist reine Augenwischerei und darüber freut sich nicht Ihr Pferd, sondern nur der Hersteller, der daran verdient: Die meisten Pferde leiden im Rückenbereich besonders unter schlecht sitzenden Sätteln (das trifft für die meisten zu!), ungenügenden Reitkenntnissen oder unter alten, niemals gelockerten Verspannungen.

3.2. WIE STEHT'S MIT DER WIRBELSÄULE

Die Wirbelsäule ist eine tolle Einrichtung der Natur mit sehr komplizierten Funktionen, aber die Probleme die dort entstehen können, lassen sich recht einfach erläutern. Ein ständig unter Spannung stehendes Gummiband, das über Jahre hinweg auf die Wirbelsäule drückt, hat meiner Meinung nach eine Menge damit zu tun:

Zwischen den Wirbeln sitzen die mit einer zähen Flüssigkeit gefüllten Bandscheiben. Bei ständigem Druck auf die Wirbelsäule können auf Dauer selbst die kräftigen Bandscheiben nach und nach eingezwängt werden und schrumpfen.

Nur ein einzelner verspannter Muskel, aber...

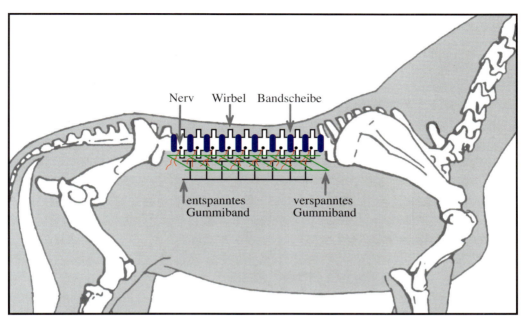

17: Zwischen den Wirbeln sitzen die Bandscheiben und auch Nerven (rot). Wenn der große Rückenmuskel, das „Gummiband", verspannt ist, dann werden die einzelnen Wirbel und die Bandscheiben zusammengedrückt, eventuell sogar Nerven eingeklemmt.

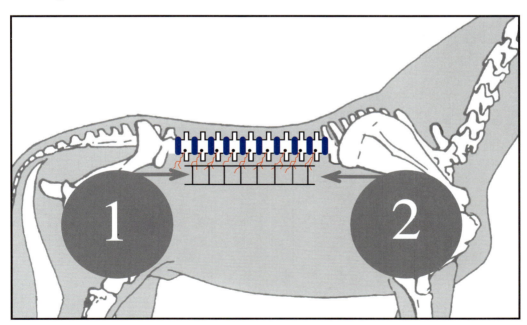

18: Nach einer Behandlung mit dem Druckpunktsystem kann sich das ehemals verspannte Gummiband aufgrund der nun lockeren Regionen 1 und 2 wieder entspannen. Zwischen dem Muskel und den Wirbeln gibt es nun wieder genügend Spielraum für freie Beweglichkeit. Damit kann sich auch die Wirbelsäule wieder entspannen.

Um wieder Flüssigkeit aufzunehmen, müssten sich die Bandscheiben relativ frei bewegen können, aber solange in der Vorder- oder Hinterhand des Pferdes eine Verspannung sitzt, ist dies unmöglich: Das durch eine verkürzte Muskel-Sehnen-Einheit permanent angespannte Gummiband lastet auf den Wirbeln und quetscht die Bandscheiben weiter ein. Wenn eine Verspannung vorliegt, leidet die Wirbelsäule selbst während einer Ruhephase des Pferdes genau wie das Gummiband ständig unter Druck und Stress.

Am verspannten Pferd zwängt also das Gummiband die Wirbelsäule ein und drückt die Bandscheiben zusammen. Im schlimmsten Fall werden auch die in Abb. 17 rot gekennzeichneten Nerven eingeklemmt.

Ich werde in den folgenden Kapiteln näher erläutern, wie wir diesen sensiblen Bereich am Rücken dafür nutzen können, um generell die Verspannungssituation in einem Pferd zu testen. Für eine einwandfreie Funktion der Wirbelsäule darf kein Druck auf ihr lasten. Die Bandscheiben müssen sich frei bewegen können, sonst schrumpfen sie, schränken die Durchblutung ein oder beschädigen sogar Nerven.

Nur wenn sich das Gummiband entspannt, kann diese Belastung vom Rücken genommen werden. Auf Abb. 18 sehen Sie nun die blauen Regionen 1 und 2 z.B. nach einer Behandlung mit dem PS. Es ist sehr wichtig, dass jetzt die Pfeile zueinander zeigen. Die Wirbelsäule kann sich somit gemeinsam mit dem Gummiband entspannen, die Bandscheiben Flüssigkeit aufnehmen und sich regenerieren. Dabei werden die Wirbel wieder auseinandergeschoben und auch auf den Nerven lastet dann weniger Druck.

Zum Phänomen der „Kissing Spines", Rückenwirbel, die zusammenstoßen, das Pferd erheblich behindern und große Schmerzen verursachen, können Sie gerne Ihre eigenen Schlüsse ziehen. Ich kann nur sagen, dass ich, solange Wirbel oder Bandscheiben nicht bereits zu stark geschädigt waren oder chronische Erkrankungen vorlagen, mit dem von mir durchgeführten PS eine 100%ige Erfolgsrate bei der Behandlung von Pferden mit dem „Kissing Spine"-Syndrom habe. Sie sind wieder fit und gesund und konnten ihre Probleme nach vorsichtigem Training und Muskelaufbau überwinden. Wenn Sie dafür sorgen, dass sich das Gummiband wieder entspannen kann, werden die Wirbel auch nicht wieder zusammenstoßen. Die Wirbel sind wie das gesamte Skelett ein passiver Teil des Bewegungssystems, ohne Eigenleben. Die Knochen sind dabei völlig abhängig von den Muskeln, die sie in die richtigen Bahnen lenken.

3.3. GELENKSCHÄDEN

Nun haben Sie schon einige Einblicke in die Zusammenhänge von Verspannungen und Gesundheits- oder Gelenkproblemen erhalten. Meine Vermutungen und Erfahrungen gehen aber noch weiter und ich möchte Ihnen schildern, welche Ursachen ich u.a. für Gelenkprobleme gefunden habe.

Nur ein einzelner verspannter Muskel, aber...

Auf Abb. 19 sehen Sie eine Hinterhand mit verschiedenen zusammenhängenden Muskeln als Spinnennetz dargestellt. Die blaue Linie zeigt die Muskel-Sehnen-Einheiten, die bis hinunter in den Huf reichen. Das Sprunggelenk erkrankt meiner Erfahrung nach sehr oft, wenn innerhalb des Spinnennetzes Verspannungen sind.

Erinnern Sie sich? Wenn ein Muskel verspannt ist, verkürzt er sich und zieht damit selbst gesunde Muskeln in seine Richtung, was die blaue Linie und der Pfeil in Richtung Spinnennetz zeigen. Beständiger Zug der verspannten Muskel-Sehnen-Einheit in der Hinterhand hält dadurch auch direkt die Beingelenke unter Spannung, wodurch sich wiederum deren Zustand täglich - zunächst vermutlich unbemerkt - verschlechtert.

Vielleicht hat Ihr Pferd ja bereits Probleme an diesem Punkt, aber es ist durchaus möglich, und das zeigte sich bereits bei Hunderten von Therapiepferden, dass, falls keine Traumatisierung durch bestimmte ungewöhnliche Bewegungsabläufe oder andere Verletzungen vorliegen, eine Verspannung die Ursache einer Lahmheit oder eines Problems an diesem Gelenk sein könnte. In diesem Falle wird sich nach der Behandlung der verspannten Muskelpartien eine positive Entwicklung anbahnen. Wenn der Zug am Gelenk nachlässt, ist es aber immer von großer Bedeutung, die gelockerten Muskeln erneut sorgfältig aufzubauen.

19: Die einzelnen Muskelgruppen hängen spinnennetzartig zusammen. Die blaue Linie stellt stark vereinfacht eine solche große zusammenhängende Gruppe von Nerven, Muskeln und Sehnen im Hinterbein dar. Eine einzelne Verspannung hat demnach große Auswirkungen und kann sogar die Gelenke - z.B. am Hinterbein das markierte Sprunggelenk - nachteilig beeinflussen.

> Der bloße Abbau von Verspannungen ist nicht genug! Gesunde, starke Muskeln tragen dazu bei, die Gelenke bei ihrer Arbeit zu unterstützen. Arbeiten Sie auch an deren Aufbau!

4. PHYSISCHE ENTSPANNUNG: DAS DRUCKPUNKTSYSTEM

Physische Entspannung: Das Druckpunktsystem

Wie Sie schon anhand der kleinen Praxisübung feststellen konnten, ist das „Pressure Point System (PS)", auf Deutsch Druckpunktsystem, an sich sehr einfach. Wie mit allen Dingen, die wir uns neu aneignen, trägt auch hier Wiederholung und Übung dazu bei, dass wir unsere Technik mit der Zeit vervollkommnen. Ich arbeite nun schon seit vielen Jahren daran und möchte Ihnen genau diese Erfahrungen vermitteln. Nachdem auch ich letztendlich bloß aus dem über 3000 Jahre alten Erfahrungsschatz verschiedenster Pferdeleute schöpfen durfte, sehe ich die Aufgabe dieses Buches vor allem darin, dass ich Ihnen als Pferdebesitzer das von mir vereinfachte System mit acht schwerpunktmäßigen Arbeitsgebieten erfolgreich vermittle. Diese acht Punkte würden wohl einem geschulten Physiotherapeuten für die Behandlung eines schwer verspannten Therapiepferdes nicht ausreichen. Ihrem persönlichen „Hausgebrauch" wird mein System aber, ebenso wie unzähligen Kursteilnehmern aus aller Welt, vollauf genügen. Ich klammere bewusst komplexe, vielschichtige Probleme aus, die nur ein erfahrener Therapeut angehen sollte und bespreche mit Ihnen nur die am meisten betroffenen Regionen.

Wenn Sie sich nicht sicher sind, ob Ihr Pferd nicht doch einen Therapeuten bräuchte, dann machen Sie sich keine Sorgen. Sie sind vielleicht nicht in der Lage, mit dem PS die Verspannungen ganz zu beseitigen, aber lindern können Sie diese durchaus. Verschlechtern wird sich der Zustand Ihres Tieres dabei sicher nicht. Lieber 1% Erfolg als gar keinen und egal, ob Sie nun Turnierreiter sind oder

sich rein freizeitmäßig an Ihrem Pferd erfreuen: Falls Ihr Pferd Verspannungen hat, werden Sie diese größtenteils aufspüren und beheben können.

> Wenn Sie das PS beherrschen, möchte ich Sie ernsthaft darum bitten, Ihre Erfahrungen mit anderen Pferdefreunden zu teilen. Dadurch gewinnen Sie nicht nur zusätzliche Sicherheit, sondern Sie sorgen vor allem dafür, dass sich in Zukunft noch mehr Pferde etwas wohler fühlen können.

Die acht Regionen sind die Punkte, welche bei Bewegung im Verhältnis zu anderen Muskeln des Pferdekörpers am stärksten belastet werden. Abb. 20 zeigt diese Regionen. Nachdem wir unsere erste gemeinsame Praxisübung schon erfolgreich hinter uns gebracht haben, glauben Sie sicher, dass ich Sie auf den Arm nehmen will, wenn ich Ihnen sage, dass Sie eigentlich schon genug wissen, um sofort bei den anderen Regionen weiterzumachen. Ich meine das wirklich ernst! Sie wissen, wie Sie die Glocke klingeln lassen können und wie Sie daraufhin die Verspannung lindern oder beseitigen können. Alles, was Sie noch brauchen, sind ein paar weitere Drucktechniken, sowie die genaue Lokalisierung der Stresszonen.

Aus meinen Kursen weiß ich, dass einige von Ihnen über die teilweise heftigen Reaktionen der Pferde sehr erschrocken sind. Auch wenn Sie dem Pferd momentan für

Physische Entspannung: Das Druckpunktsystem

kurze Zeit zunächst noch größeres Unbehagen bereiten, so lässt sich dieser Umstand durch das spätere Resultat, nämlich ein gesteigertes Wohlbefinden, rechtfertigen.

Auch für mich ist es immer noch erstaunlich zu sehen, wie die Pferde auf das PS reagieren. Während der ersten Behandlungen, wo für sie alles noch neu und ungewohnt ist, sind sie meistens etwas unruhig. Das ändert sich schlagartig, wenn die Stimulation der Sehnen auch innerhalb des Körpers durch Ausschüttung positiver Substanzen dafür sorgt, dass sich die Pferde entspannen (denken Sie daran, wie Sie sich selbst nach einer Massage fühlen!). Dieser Zustand tritt ungefähr 10 Minuten nach der Behandlung ein. Manche Tiere schlafen sogar dabei ein. Die Pferde fühlen sich bei der Therapie so wohl, dass sie sich auf der Suche nach noch mehr Druck mit aller Kraft gegen die drückenden Finger stemmen oder sogar ihre Therapeuten (das sind dann Sie!) energisch mit dem Kopf zur nächsten Region hinschieben wollen. Das ist ein großartiges Gefühl!

Bitte beachten Sie, dass sich manche Pferde Ihr Leben lang noch nicht richtig entspannen konnten, weil ihnen dies z.B. in hektischen und lauten Ställen nur sehr schwer

20: Hier sehen Sie die acht Punkte, bzw. Behandlungsregionen, innerhalb derer Sie mit dem Druckpunktsystem arbeiten werden. Natürlich gibt es am Pferdekörper noch wesentlich mehr Punkte, aber die Erfahrung hat gezeigt, dass hier die meisten Probleme auftauchen und auch von Laien gelöst werden können.

Physische Entspannung: Das Druckpunktsystem

> Das Pferd teilt Ihnen mit seiner Körpersprache immer mit, ob Sie richtig liegen. Also Augen auf während der Behandlung: Atmet das Pferd tief? Entspannt es sich? Schließt es die Augen? Senkt sich der Kopf? Drehen sich die Ohren auf die Seite? Bewegt sich das Pferd mit der behandelten Körperpartie auf den Therapeuten zu? Das sind deutliche Zeichen von Wohlbefinden!
> Schweif- und Kopfschlagen, Hautzucken, unruhiges Hin- und Hertreten, ja sogar Schnappen und Schlagen sind Anzeichen für Schmerzen während der Behandlung stark verspannter Körperpartien. Wenn die Durchblutung erst einmal gesteigert wurde und sich die Verspannungen lösen, ist es durchaus möglich, dass schon nach der ersten Therapie keine derartigen Reaktionen mehr hervorgerufen werden.

möglich war. In einem späteren Kapitel erläutere ich Ihnen anhand meines Motivierenden Beziehungstrainings (BT), wie Sie hier über eine psychische Entspannung des Pferdes auch im physischen Bereich Verspannungen leichter lösen können. Hier tritt mein holistisches Konzept zu Tage: PS und BT müssen zusammenwirken, um ein möglichst positives Ergebnis zu erzielen.

Bei meinen Kursen oder Behandlungen kümmere ich mich generell immer zuerst um den „Kopf" des Pferdes, also um Probleme der Psyche und des Verhaltens, bevor ich mich an meine Arbeit mit der Druckpunkttherapie mache. Die Erklärung ist einfach: Denken Sie nur einmal daran, inwieweit Stress bei der Arbeit auch Ihre Muskeln, z.B. im Nacken betrifft. Verspannungen mit Kopf- und Rückenschmerzen sind die Folge. Unserem Pferd geht es nicht anders. Auch bei ihm breiten sich Verspannungen leicht am ganzen Körper aus, wenn es sich psychisch unausgeglichen oder unwohl fühlt.

> Die psychische Ursache von Verspannungen wird oftmals gewaltig unterschätzt und daher schlage ich Ihnen auch vor, dass Sie, wenn Sie mit diesem Kapitel fertig sind, bis zum Beziehungstraining weiterblättern und sich damit vertraut machen. Es ist wirklich viel einfacher, Muskelverspannungen zu lösen, wenn das Pferd auch psychisch entspannt ist.

Ich werde Ihnen in den folgenden Kapiteln nicht erklären, welche Aufgaben die behandelten Muskeln nun genau haben. Ich möchte nur, dass Sie sich beidseitig auf die angesprochenen acht Regionen konzentrieren. Auf welcher Seite Sie beginnen spielt keine Rolle, aber arbeiten Sie die Punkte immer komplett von 1 bis 8 durch, bevor Sie die Seite wechseln. Je nach Rasse, Trainingszustand und Bemuskelung kann die Lage einiger der beschriebenen Punkte entsprechend der individuellen Anatomie des Pferdes etwas variieren.

Physische Entspannung: Das Druckpunktsystem

4.1. DER ERSTE TEST

Alles, was Sie für diesen Test auf der Suche nach Verspannungen brauchen, sind zwei Finger oder Ihre Daumen. Fahren Sie mit den Fingern entlang der Wirbelsäule und zwar von hinten nach vorne. Erinnern Sie sich noch an das Kapitel über die Wirbelsäule mit Abb. 17? Wenn das Pferd in diesem Bereich am „Gummiband" Verspannungen gleich welcher Stärke hat, werden durch Ihren Fingerdruck die Nerven gereizt und Sie sehen eine typische ausweichende Reaktion, die gerne als „kitzelig", oder „empfindlich" (stimmt auch, aber nur aufgrund von Verspannungen!) interpretiert wird: Der Rücken ist entweder hart wie ein Brett oder senkt sich kurz ab, duckt sich regelrecht unter den Schmerzen. Manche Pferde schlagen auch mit dem Kopf oder Schweif (22).

Drücken Sie zügig entlang der blauen Linien (Abb. 21) und machen Sie dieselbe Kontrolle. Wenn keinerlei Reaktion erfolgt, wiederholen Sie es mit etwas stärkerem Druck. Erinnern Sie sich an die Reaktion! Wir werden das Pferd nach Ihrer Arbeit mit dem PS erneut kontrollieren und daran Ihren Erfolg messen!

- Falls Sie an Ihrem Pferd überhaupt keine Reaktion hervorrufen können und sich der Rücken weich anfühlt - super! Ich gratuliere Ihnen, denn es ist höchst unwahrscheinlich, dass Ihr Pferd unter physischen Verspannungen leidet.

- Gibt es keine Reaktion bei einem Rücken, der sich hart anfühlt, dann sollten Sie in Erwägung ziehen, das Pferd zu einem erfahrenen Therapeuten zu bringen. Sie können an einem derartig schwer verspannten Pferd mit Hilfe des PS das Allgemeinbefinden jederzeit bessern, brauchen aber für eine vollständige Heilung professionelle Hilfe.

21: Fahren Sie mit Ihrem Daumen kräftig entlang der Wirbelsäule Ihres Pferdes von hinten nach vorne um zu checken, ob es am „Gummiband" Verspannungen hat. Auf dem Bild sehen Sie deutlich die „Fingerspur" auf dem Fell.

22: Dieses Pferd reagiert deutlich positiv auf den „ersten Test". Der bloße Fingerdruck reicht aus, dass es unwillig mit Kopf und Schweif schlägt. Der Fuchs ist aber keineswegs „kitzelig", sondern hat starke Verspannungen am ganzen Körper und damit auch am Rücken.

4.2. DIE ACHT REGIONEN DES DRUCKPUNKTSYSTEMS (PS)

Die im Folgenden näher erläuterten Punkte und Regionen werden (am besten mit Daumen oder Faust) systematisch von vorne nach hinten durchgearbeitet. Wenn Sie sich nicht sicher sind, wie fest Sie mit Ihren Fingerspitzen am Pferd „herumstochern" sollen, um eine Verspannung zu finden, dann denken Sie an den Versuch von Abb. 5 und 6 und testen Sie den Druck noch einmal an Ihrem eigenen Unterarm.

Machen Sie sich bitte zunächst mit den Regionen vertraut und lassen Sie sich durch Ihren Erfolg motivieren, Ihr Pferd regelmäßig mit dem PS zu behandeln! Detailliertere Hinweise finden Sie dann in Kapitel 5, sammeln Sie aber zunächst etwas praktische Erfahrung mit den Regionen!

Achten Sie darauf, dass Ihre Fingernägel nicht zu lang sind. Auch wenn es für die Damen schmerzlich sein sollte - Sie müssen sich davon trennen. Ihre Fingerspitzen sollen schließlich Problemzonen unter dem Fell Ihres Pferdes aufspüren und beseitigen!

Der intensive Druck mit den Fingern ist für Sie wahrscheinlich äußerst ungewohnt und anstrengend. Genau wie Ihr Pferd müssen auch Sie sich erst einmal langsam an das PS gewöhnen - aber bekannterweise ist geteiltes Leid halbes Leid! Machen Sie sich darauf gefasst, dass Sie nach einer ersten, richtig durchgeführten Komplettbehandlung Ihres Pferdes selber gehörigen Muskelkater in Ihren Fingern und Armen haben werden.

Bitte arbeiten Sie sich deshalb treu unserer Devise „Kampf dem Krampf!" nur langsam voran, machen Sie auch einmal eine Pause, schütteln Sie die Hände aus und steigern Sie Ihre Ausdauer vorsichtig nach und nach.

Die Behandlung dauert beim ersten Mal ca. 40 bis 50 Minuten. Später kann man die Problemzonen zügig abchecken und nur bei Bedarf einige Minuten behandeln. Nach der Behandlung sollte das Pferd immer leicht bewegt werden, damit eine andauernde erhöhte Durchblutung der Problemstellen, sowie ein Abtransport der wegmassierten Gewebeflüssigkeit (Ödeme) innerhalb der vormals verspannten Bereiche möglich ist.

4.2.1. PUNKT 1

LAGE:

Der obere Wirbel der Halswirbelsäule (Atlaswirbel) ist meistens durch eine Erhebung nach dem Genick gut zu erkennen (Abb.23) und somit ein brauchbarer Anhaltspunkt. Dieser erste Behandlungspunkt dient dazu, das Pferd durch Senken seines Kopfes auch psychisch zu entspannen, damit es die folgende Ganzkörperbehandlung gelassen aufnimmt.

Mit Gewalt kann man das bei keinem Pferd erzwingen, das Tier muss sich regelrecht „fallen lassen". Mit der vorwärtsabwärts Dehnung entspannen sich auch die Rückenmuskeln und auch die Wirbelsäule wird freier. Der Punkt befindet sich kurz hinter dem Atlasknochen: Wenn man mit dem Finger von oben nach unten hinter dem

Physische Entspannung: Das Druckpunktsystem

 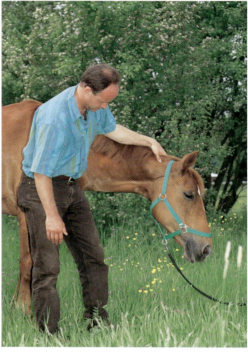

23: Mit dem ersten Punkt wollen wir, dass sich das Pferd entspannt. Dies geht am besten, wenn es den Kopf senkt und genau das können Sie mit dem ersten Punkt erreichen. Sie finden ihn hinter dem Atlasknochen, den Sie hinter dem Kopfansatz deutlich sehen und spüren können. Gehen Sie von dort aus in einem ca. 45 Grad-Winkel schräg nach hinten -oben und drücken Sie fest mit dem Daumen.

24: Das Pferd hat den Kopf fallen lassen, seine Mimik weist deutlich auf den entspannten Gemütszustand hin. Nur Geduld! Nicht jedes Pferd senkt gleich beim ersten Mal den Kopf, aber Sie werden mit mehr Übung auch mehr Erfolge haben...

Genick entlangfährt, ertastet man hinter dem Atlaswirbel in einem ca. 45 Grad-Winkel nach schräg hinten-oben (siehe Abb. 23) zwei Halsmuskelansätze. Punkt 1 liegt genau zwischen diesen Muskeln.

INFOS:
Benutzen Sie die kreisförmige Fingertechnik, mit der Sie ja bereits in unserem ersten kleinen Praxistest Erfahrung gesammelt haben. Wenn Sie das Pferd vorher mit dem Beziehungstraining gearbeitet haben und es somit bereits psychisch relaxt ist, wird sich die Halsmuskulatur mehr und mehr entspannen, bis der Kopf des Pferdes regelrecht am Boden hängt.

Warten Sie mit dem kreisförmigen Druck ruhig, bis der Kopf bereits etwas tiefer ist, dann fällt es wesentlich leichter!

Denken Sie daran, nicht mehr als fünf Minuten an einer Region zu arbeiten. Zunächst wollen Sie nur 1% Erfolg! Wenn Ihr Pferd auf den Druck hin zunächst unwillig den Kopf schüttelt, dann sehen Sie daran,

Physische Entspannung: Das Druckpunktsystem

dass Sie den richtigen Punkt „erwischt" haben. Drücken Sie entsprechend fest weiter! Es kann durchaus eine Weile dauern, bis das Pferd versteht, dass es sich entspannen soll und darf (das ist auch für Menschen oft gar nicht so einfach...). Ein gutes Zeichen dafür ist z.B. Kauen - dann fühlt sich Ihr Pferd wohl und genießt das PS. Manche Pferde senken auf Anhieb den Kopf, bei anderen dauert es länger, vielleicht auch mehrere Sitzungen lang. Ihre Geduld ist dabei gefragt! Je öfter Sie diese Übung mit Ihrem Pferd machen, desto eher wird es reagieren.

Sie treffen mit diesem „Schlüssel-punkt" ein „Entspannungszentrum" des Pferdeorganismus
- das Geheimnis vieler „Pferdeflüsterer". Dieser Punkt kann von Ihnen generell in verschiedenen Situationen (z.B. bei Verladeproblemen) genutzt werden, um Ihr Pferd zu entspannen.

Sie werden, bedingt durch die Stimulation von Region 1, in Ihren Bemühungen durch die Ausschüttung körpereigener Stimulantien unterstützt. Diese steigern die Durchblutung für vier bis fünf Stunden, machen damit Muskeln und Sehnen beweglicher und verbessern insgesamt den Hin- und Weg-transport von Nähr- und Abfallstoffen im Gewebe.

Wenn das Pferd ruhig ist, den Kopf aber dennoch nicht vollständig senkt, dann ist auch das kein Grund zur Sorge. Oftmals müssen nur die anderen Verspannungen (z.B. in Region 2, 3 und 4 oder am Gummiband) behoben werden. Nach drei bis vier Behandlungen kann dann auch der Kopf - einhergehend mit dem verbesserten Allgemeinzustand - völlig entspannen und schmerzlos nachgeben. Denken Sie an das Spinnennetz: Alle Muskeln beeinflussen und unterstützen sich gegenseitig!

SICHERHEIT:

Dieser Punkt soll Kopf und Hals entspannen. Halten Sie das Pferd dabei ruhig am Halfter. Wenn es den Kopf anfangs sehr hoch trägt, dann steigen Sie nicht auf einen Hocker o.ä., um den Punkt besser zu erreichen, sondern versuchen Sie durch den Druck, den Sie gerade noch schaffen, den Kopf etwas herunterzuholen. Bei einer heftigen Bewegung fegt Sie das Pferd von Ihrem Untersatz!

Lehnen Sie sich keinesfalls über den gesenkten Hals! Wenn sich das Pferd nämlich plötzlich entschließt, den Kopf zu heben, dann macht es dies gewöhnlich sehr, sehr schnell und Sie bekommen einen Kinnhaken, den Sie so schnell nicht vergessen werden (danach lehnen Sie sich auch nie mehr über den gesenkten Hals...).

Physische Entspannung: Das Druckpunktsystem

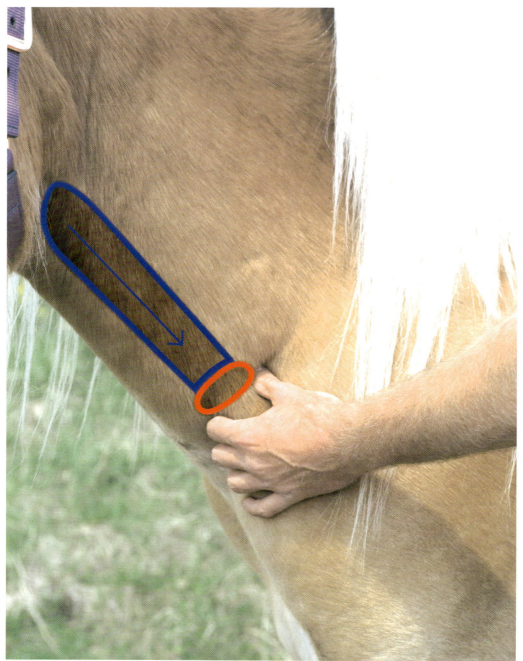

25: Der blau markierte Muskel macht überwiegend an der rot markierten Stelle Probleme. Lockern Sie den gesamten Muskel zunächst mit Ihrer Faust, indem Sie entlang der blauen Linie kräftig auf- und abreiben. Dann arbeiten Sie innerhalb der rot markierten Region mit der kreisförmigen Fingerspitzentechnik.

4.2.2. REGION 2

Bei dieser Region an Hals und Schulter führen wir zwei Arbeitsschritte (a und b) durch:

2a) LAGE:
In Abb. 25 markiert die blaue Linie einen langen Muskel. Bevor Sie dort mit dem PS anfangen, reiben Sie die Region mit Ihrer Faust fest vier bis fünf Mal in Richtung des Pfeiles. Nur bei der rot gekennzeichneten Gegend arbeiten Sie mit Ihren Fingerspitzen.

Am Ende des Muskels können Sie verschiedene Faserstränge ertasten. Drücken Sie auf jede einzelne und arbeiten Sie mit der kreisförmigen Technik nicht länger als fünf Minuten lang.

2a) HINWEISE:
Mit Ihrer Faust stimulieren Sie in der blauen Region automatisch weitere „Schlüsselpunkte". Wenn Sie an der roten Region arbeiten, dann achten Sie auf Ihre Fingerspitzen. Erfühlen Sie den feinen (zunächst nur 1%igen) Unterschied zwischen „hart" und „weich". Wenn er bereits vor den angestrebten fünf Minuten zu spüren ist, dann hören Sie an diesem Punkt auf.

Auch wenn der Fingerdruck individuell und bezogen auf die verschiedenen Regionen variiert, brauchen Sie sich nicht zu sorgen, dass Sie zu fest oder zu schwach drücken. Drücken Sie so fest, dass Sie noch spüren, was unter der Haut liegt - schließlich wollen Sie ja den Unterschied zwischen fest und locker feststellen.

Vergleichen Sie stets Ihr erstes Fingerspitzengefühl mit dem zweiten, das Sie nach ein paar Minuten Arbeit am Muskel haben. Wenn Sie dieser einfachen Regel folgen, dann bekommen Sie auch schnell ein Gefühl dafür, wie viel Druck Sie letztendlich wirklich benötigen. Arbeit macht den Meister - also arbeiten Sie einfach weiter! Mit zunehmender Erfahrung lassen sich diese Dinge für Sie sicher besser abschätzen.

2b) LAGE:
Region 2b liegt innerhalb der Schulter und Sie finden Sie am Übergang vom Hals zur Schulter. Benutzen Sie Ihre Fingerspitzen genau so, wie auf den Bildern 26 oder 27. Zwei große Halsmuskeln haben im Schultergelenk über Sehnen Ihre Verankerung am Knochen. Diese Sehnenansätze gilt es, zu ertasten und etwaige Ödeme durch gezielten Fingerdruck zu beseitigen. Dazu ist es aber notwendig, die Hand in das Schultergelenk in Richtung zum Sehnenansatz hineinzuschieben.

2b) HINWEISE:
Nach den ersten Arbeitsschritten ist Ihre Hand bestimmt schon ermüdet. Die meisten meiner Kursteilnehmer schaffen es kaum, gleich beim ersten Mal das PS komplett durchzuhalten, so sehr schmerzen ihnen bereits nach wenigen Minuten die Muskeln oder Finger. Kräftig ausschütteln - und weiter geht`s.

Sie werden jetzt gleich dasselbe Gefühl haben, wie ein Kind, das zum ersten Mal versucht, seine Zehen mit ausgestreckten Beinen

Physische Entspannung: Das Druckpunktsystem

26

26/27/28: Es sieht unglaublich aus, ist aber ganz einfach! Am Übergang vom Hals zur Schulter finden Sie ungefähr in der Mitte der Schulterlinie eine Türe, durch die Sie in die Schulterregion Ihres Pferdes eindringen können. Versuchen Sie es! Es geht besser, wenn Sie den Kopf des Pferdes zu sich heranziehen. Gleichzeitig drücken Sie mit Ihren Fingern an der Schulter und werden erstaunt sein, wie leicht Sie „hineinrutschen"! Ertasten Sie in der Schulter die Sehnenansätze und massieren Sie diese mit Ihren Fingerspitzen.

zu erreichen. Es wird eine Weile dauern und sicher einige Behandlungen brauchen, bis Sie ans Ziel kommen. Legen Sie die rechte Hand flach auf den Hals, so dass die untere Handkante an den Schulterknochen stößt. Drücken Sie nun die Handkante nach unten und versuchen Sie, gefühlvoll in die Schulter hineinzukommen. Zunächst glauben Sie, mit Ihren Fingern an eine verschlossene Türe zu stoßen. Wenn Sie aber mit konstantem Druck weitermachen und selber ganz locker dabei bleiben, wird sich die Türe langsam öffnen. Drücken Sie nur weiter gegen den Wider-

Ihre ganze Hand kann nahezu in der Schulter verschwinden! Ob Sie es mit dem Handrücken oder der Handfläche versuchen, bleibt Ihnen überlassen.

27

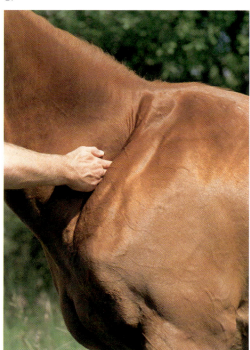

28

40

stand. Das Pferd wird sich nach und nach lockern und mit dem Kopf nachgeben. Warten Sie darauf, bis Sie versuchen, tiefer zu gehen, beobachten Sie die Mimik des Pferdes und reagieren Sie entsprechend. Es kann ein paar Wochen dauern, bis die Tür so weit offen ist, dass Ihre ganze Hand vollständig in der Schulter verschwindet. Auch hier können Sie einzelne Stränge ertasten und kreisförmigen Druck auf sie ausüben.

Es ist sehr hilfreich, den Kopf des Pferdes parallel zum Eindringen in den Schulterbereich mit dem Halfter vorsichtig und gefühlvoll zu sich heran zu ziehen. Gerade in Verbindung mit der Arbeit an dieser Region kann ein vor der Behandlung durchgeführtes Beziehungstraining erheblich zum Erfolg beitragen, weil das Pferd dann von vornherein psychisch wesentlich entspannter ist.

2b) SICHERHEIT:

Im Laufe der vergangenen Jahre habe ich bei der Arbeit an Region 2b bereits allerlei Überraschungen erlebt. Also seien Sie auf der Hut! Bilden Sie mit Ihrem Unterarm eine Art „Knochenbrücke" zwischen sich und dem Pferd, indem Sie die Hand an seinem Kopf abstützen und gleichzeitig den Ellenbogen an Ihren Körper halten. Wenn der Pferdekopf plötzlich in Ihre Richtung schwingt, dann wird er vom Arm und nicht von Ihrem Gesicht abgefangen (das wäre dann im ungünstigsten Fall der zweite Kinnhaken...).

Es kann auch passieren, dass sich das Pferd zunächst „fallen lässt", aber plötzlich irgendetwas seine Aufmerksamkeit erregt. Dann reckt es den Hals in die Höhe und für diesen Fall sollten Sie immer das Ende eines Führstrickes in der Hand am Kopf halten (Abb. 29), damit Sie - Finger im Halfter - nicht gemeinsam mit dem Kopf in die Höhe fliegen, sondern beruhigt loslassen können. Wenn das Pferd erst einmal „gelernt" hat, wie gut ihm das PS tut, dann wird es - völlig entspannt - die Behandlung genießen und nicht mehr für Ablenkungen empfänglich sein.

29: Bitte beachten Sie zu Ihrer eigenen Sicherheit, dass Sie den Pferdekopf fest am Halfter halten, während Sie an Region 2 arbeiten. Auch wenn Ihr Vierbeiner normalerweise ein sehr angenehmer Zeitgenosse ist! Ein plötzlicher Kinnhaken von Ihrem Pferd kann ganz schön unangenehm sein...

4.2.3. REGION 3

LAGE:

Diese Region am Widerrist ist von zentraler Bedeutung für das Druckpunktsystem. Hier stößt der Pferdekörper während er sich in drei Dimensionen (von vorne nach hinten, von oben nach unten und von links nach rechts) bewegt mit dem starren Konstrukt des Sattelbaums zusammen. Hier üben Sattel und Reiter nicht nur während des Landevorgangs im Springen höchsten Druck auf Sehnenansatzpunkte aus. In der Verlängerung dieser Sehnen finden wir Muskeln, die ihrerseits wiederum über Sehnen bis hinunter ins Vorderbein reichen. Verspannungen der Widerristpartie können also indirekt (durch von Verspannungen hervorgerufene Muskelverkürzungen am oberen Ansatzpunkt, siehe auch Kapitel 3.3.) die Beweglichkeit der Vorderbeingelenke einschränken. Sie können hier sehr gut mit Ihren Daumen arbeiten. Der helle Streifen auf Abb. 30 liegt knapp unter der Oberseite der Wirbelsäule.

30: Region 3 (Widerrist) bearbeiten Sie mit beiden Händen. Die wichtigen Punkte von Region 3 liegen im Bereich des Widerristes und befinden sich nebeneinander innerhalb des markierten Bereiches.

Physische Entspannung: Das Druckpunktsystem

HINWEISE:

Fassen Sie mit zwei Händen über den Widerrist, die Daumen bleiben an der zu behandelnden Seite. Greifen Sie nun rund um den Knochenkamm und wandern dabei mit starkem, kreisenden Druck der Daumen mehrmals den Widerrist entlang der hellen Region auf Abb. 30 auf und ab. Hautzucken oder unwilliges Kopf- und Schweifschlagen (Abb. 31), das Sie vielleicht zu Beginn sehen, wird mit fortschreitender Behandlung abnehmen (Ihr Erfolg mit dem PS!).

Pferde mit hohem Widerrist sind an Region 3 besonders leicht zu behandeln. Bei extrem niedrigem Widerrist können Sie die Hände aufeinanderlegen und so (eventuell auch von der anderen Seite her) mit den Fingerspitzen anstelle der Daumen arbeiten.

31: Schlecht sitzende Sättel sind nur eine Ursache für Probleme in Region 3. Scheuen Sie sich nicht, auch bei stärkeren Reaktionen wie Hautzucken, Kopf- und Schweifschlagen, Herumtrippeln u.ä. weiterzumachen. Gerade in dieser Region sehen Sie schnell Erfolge und schon nach einigem energischen Hin- und Herdrücken entlang der Region lässt dieses Verhalten des Pferdes deutlich nach.

SICHERHEIT:

Passen Sie hier auf Ihre Füße auf: Bei einem großen Pferd müssen Sie doch sehr nahe herantreten und die Arme weit hinauf strecken, um den Widerrist zu umfassen. Wenn Ihr Pferd in dieser Region Verspannungen hat (was sehr wahrscheinlich ist!), beschränkt es sich nicht nur auf Hautzucken, sondern tritt vielleicht zunächst etwas unruhig hin und her. Also - weg mit den Füßen! Auch Kopfschlagen muss nicht immer - wie bei Abb. 31 - nach vorne-oben gehen, ein Schnappen nach hinten ist durchaus möglich. Viele Pferde leiden (z.B. wegen Satteldruck) unter Problemen in dieser Region, daher sollten Sie mit Reaktionen rechnen!

32: Weil die Sehnenansätze in dieser Region sehr eng zusammen liegen, „treffen" Sie diese alle zusammen am besten, indem Sie mit den Fingern um den Knochenkamm des Widerristes greifen und mit beiden Daumen in kleinen kreisenden Bewegungen mehrmals innerhalb der Markierung knapp unterhalb der Wirbel (dort fühlen Sie auch die Sehnen) hin- und hermassieren.

Physische Entspannung: Das Druckpunktsystem

33 : Region 4 rund um den Ellenbogen- und Schwerpunktbereich ist ein zentraler Problembereich mit vielen kleinen Muskel-Sehnen-Einheiten, die wir nicht alle einzeln erklären und auch bearbeiten müssen. Viele von ihnen lassen sich großflächig behandeln.

Physische Entspannung: Das Druckpunktsystem

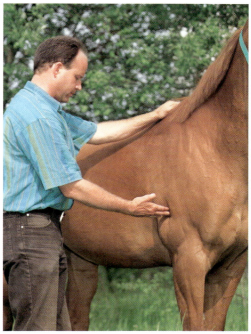

34 : Mit ausgestreckten Fingern checken Sie systematisch Stück für Stück der ganzen Region 4 ab. Am besten beginnen Sie links oben und enden links unten. "Stochern" Sie energisch und beobachten Sie dabei Ihr Pferd!

35: Je nach Verspannungsgrad können die Reaktionen sehr unterschiedlich sein. Die Bandbreite reicht vom Hautzucken über Kopf- und Schweifschlagen bis zum Zurückweichen und Steigen. Ihr Pferd ist aber wirklich nicht nur „kitzelig", sondern hat schmerzhafte Verspannungen! Auch hier werden Sie schon nach einer Behandlung eine deutliche Besserung des Wohlbefindens erzielen.

4.2.4. REGION 4

LAGE:

Rund um den Ellenbogen- und Schwerpunktbereich des Pferdekörpers befindet sich ein Sammelzentrum vieler Muskeln und Sehnen. Diese Region (Abb. 33) ist bei vielen Pferden ein besonders sensibler Stressbereich, dessen schmerzende Verspannungen sich nicht selten durch unwillige Reaktionen schon während des Putzens zeigen.

Genau wie wir es schon gemeinsam am Anfang dieses Buches mit dieser Region versucht haben, suchen wir hier ein Nervenende als Türglocke. Wir fangen oben in der Region an und stochern Punkt für Punkt am Pferd herum, um genau den Punkt zu finden, an dem unsere Glocke am lautesten schrillt (Abb. 34). Beobachten Sie Ihr Pferd! Wo zeigt es die heftigste Reaktion (Hautzucken oder mehr, Abb. 35)? Beginnen Sie dort mit der Arbeit und gehen Sie dann zu den anderen Regionen über. Denken Sie daran: Wir freuen uns zunächst schon über 1% Besserung!

Physische Entspannung: Das Druckpunktsystem

> Ihr Pferd ist nicht kitzelig, es hat Verspannungen! Behandeln Sie es und Sie werden keine „kitzelige" Reaktion mehr haben - weder beim Putzen, noch beim Satteln!

Es ist durchaus möglich, dass das Pferd in dieser Region derartig verspannt ist, dass es auch bei sanfter Berührung schon eine starke Reaktion zeigt (manche schreien regelrecht auf oder quietschen wie rossige Stuten). Eine solchermaßen traurige Situation macht es Ihnen natürlich unmöglich, ein einzelnes Ödem unter dem Fell aufzuspüren. Bringen Sie also erst einmal großflächig die Durchblutung in Gang. Benutzen Sie dabei Ihre Faust (Abb. 36) und reiben Sie damit unter Aufwendung voller Kraft so fest Sie können, oder es das Pferd eben zulässt, energisch die Region 4 kreuz und quer, auf und ab sowohl von oben nach unten, als auch von vorne nach hinten, wie die Pfeile es zeigen. Stützen Sie ruhig Ihren Ellenbogen am eigenen Körper ab, um noch mehr Kraft aufzubringen. Durch die großflächige Behandlung lösen sich verklebte Fasern, viele kleine, oberflächlich verlaufende Sehnen und Muskeln können sich entspannen. Bearbeiten Sie so die gesamte Region vier bis fünfmal. Warten Sie dann ca. 10 Minuten, bis sich die Durchblutung erhöht hat und Sie Region 4 erneut überprüfen. Wie sieht es aus? Haben Sie 1% Besserung oder sogar mehr? Ihr Pferd wird sich noch mehr darüber freuen!

Wiederholen Sie die ganze Prozedur oder suchen jetzt Sie mit den Fingern nach konkreten, eventuell im Gewebe steckenden Ödemen. Sie spüren die kleinen, stecknadel- bis fingernagelgroßen Klümpchen mit honigartiger Konsistenz unter der Haut. Beseitigen Sie diese durch kreisförmiges Wegdrücken.

36: Wenn die Reaktionen überall in Region 4 so heftig sind, dass sich keine vereinzelten Problempunkte herauskristallisieren, die Sie mit Ihrem Daumen wie in Abb.8 kreisförmig bearbeiten können, dann arbeiten Sie während der ersten Behandlungen zunächst einmal großflächig mit Ihrer Faust am gesamten Ellenbogen- und Schwerpunktbereich.

HINWEISE:

Wenn die Region 4 nach der oben beschriebenen Behandlung immer noch hart ist (was bei alten Problemzonen sehr wohl möglich ist), dann müssen Sie einfach weitermachen! Früher oder später werden Sie Erfolg haben, das Klingeln exakt lokalisieren und damit die Verspannung vollständig beseitigen können.

Physische Entspannung: Das Druckpunktsystem

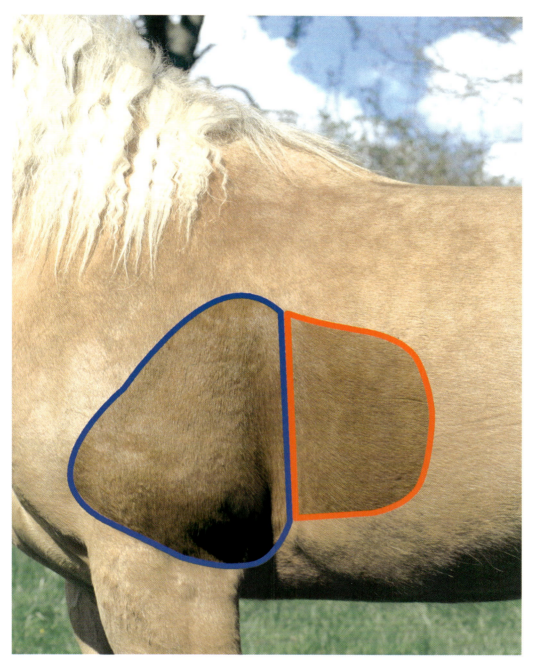

37: Region 4 : In der blau markierten Region wenden Sie bitte zum Auffinden der längeren Muskelkörper dieselbe Technik wie in Abb. 13 mit dem Hin- und Herdrücken des Fingers an. Die kleineren Muskeln der rot markierten Region können Sie sowohl mit der Faust, als auch direkt mit der kreisförmigen Fingerspitzentechnik (Abb. 8) bearbeiten, wenn die Türglocke an einer bestimmten Stelle beim Abchecken klingelt!

Physische Entspannung: Das Druckpunktsystem

Im Rahmen meiner Kurse kann ich Ihnen sehr einfach die längeren und kürzeren Muskelpartien dieser Region zeigen. Erneut möchte ich betonen, dass es mir hier nicht um die anatomischen Einzelheiten geht, sondern nur um den Erfolg am Pferd und dabei bei Region 4 um zwei grundlegende Methoden, um an den kurzen (Abb. 37 rot) oder langen (Abb. 37 blau) Muskeln zu arbeiten.

Kurz (rot): Wenn Sie im roten Bereich arbeiten, können Sie viele Fliegen mit einer Klappe schlagen. Einfach die Fingerspitzen durch die Faust ersetzen! Schon „erwischen" und „eliminieren" Sie eine Unmenge von kleinen und kleinsten Problemchen. Später können Sie diese Technik wieder durch Ihre Fingerspitzen ersetzen und zurückgebliebene, vereinzelte, kleine Reaktionen vollständig auslöschen.

Lang (blau): Eigentlich gibt es nicht viele lange Muskeln in dieser Region, aber natürlich lohnt es sich auch hier, eine „Türglocke" zu suchen. Drücken Sie mit den Fingerspitzen direkt auf den Bereich, wo das Pferd die stärkste Reaktion zeigt. Spüren Sie den Muskelkörper auf und bewegen Sie während des Drückens Ihren Finger langsam nach links und rechts und dann nach unten, bis Sie das Ende des Muskelkörpers spüren. HALT! Hier fangen Sie mit der PS-Arbeit an und drücken in gewohnter Manier (das heißt auch nicht länger als fünf Minuten) kreisförmig auf die Sehne.

Das klingt zunächst etwas kompliziert, aber alles was dabei schief gehen kann, ist dass Sie die Türglocke überhören (oder als Hautzucken übersehen...) und noch einmal anfangen müssen zu suchen. Also los!

SICHERHEIT:
Stark verspannte Pferde könnten sich veranlasst sehen, großräumige Ausweichmanöver einzuleiten, also Achtung vor allem auf der Ihnen abgewandten Seite! Bei großen Schmerzen ist auch mit Schnappen oder Treten (ähnlich wie nach Fliegen am Bauch) zu rechnen. Ihr Pferd ist aber nicht „kitzelig", sondern nur verspannt! Helfen Sie ihm mit dem PS.

ES GEHT WEITER MIT KRUPPE UND HINTERHAND

Im „Motor" der Pferdebewegung sitzen besonders große und beanspruchte Muskeln. Rückenprobleme (z.B. verursacht durch Satteldruck usw.) können sich bis in die Kruppenmuskulatur hinein auswirken und die Leistung des Pferdes wird beeinträchtigt.

Entsprechend dem Umfang der Muskulatur gibt es in diesem Bereich eine große Anzahl von Druckpunkten, die Erfahrung hat aber gezeigt, dass bereits die Behandlung einiger weniger Regionen ausreicht.

Physische Entspannung: Das Druckpunktsystem

Für die nun folgende Arbeit an der HINTERHAND gilt es nochmals, einige äußerst WICHTIGE SICHERHEITSHIN-WEISE zu beachten. Sie gelten für alle Punkte innerhalb der Regionen 5 bis 8! SEIEN SIE ANFANGS LIEBER ZU VORSICHTIG und springen Sie besser zehn Mal zu früh, als ein Mal zu spät weg! Wir wollen doch alle, dass Ihr Pferd noch möglichst oft in den Genuss kommt, von Ihnen massiert zu werden...

- Es ist ratsam, sich vor allem bei der Arbeit an der Hinterhand mit einem ausgestreckten Arm am Pferdekörper ab-zustützen, während die andere Hand behandelt. Falls das Tier vorhat auszuschlagen, spüren Sie bereits, wie sich die Muskeln im Körper spannen und sind somit vorgewarnt. Außerdem katapultiert das Pferd auf diese Weise den abgestützten Therapeuten mit seiner Bewegung aus der Gefahrenzone hinaus, bevor es einen „Treffer" landen kann.

- Achten Sie besonders in diesem Bereich auf die Körpersprache des Pferdes! Diese ist zwar für die gesamte Behandlung ausschlaggebend (unwillige Reaktionen zeigen Ihnen, wo Verspannungen sind, positives, ruhigeres Verhalten beweist den Erfolg Ihrer Behandlung), aber bei der Hinterhand sind Sie natürlich wesentlich größeren Gefahren ausgesetzt.

- Verlassen Sie sich NIEMALS auf: „Mein Pferd schlägt nicht aus." Jedes Pferd wird zunächst einmal versuchen, alles, was ihm unangenehm ist, reflexartig, d.h. blitzschnell von sich fern zu halten und zwar nicht aus bösem Willen heraus, sondern reflexartig. Springen Sie SOFORT weg, sobald Sie nur vermuten, dass das Pferd schlagen könnte.

Falls es wirklich schlägt, geben Sie dem Pferd etwas Ruhe und setzen dann Ihre Arbeit fort, aber mit weniger Druck. Nach ein paar erfolgreichen Behandlungen werden die Verspannungen beim Pferd nachlassen. Dann können Sie auch wieder fester zupacken, denn die Schmerzen werden durch die Behandlung mit dem PS nach und nach gelindert und das Pferd hat keinen Grund mehr, nach Ihnen zu schlagen!

Physische Entspannung: Das Druckpunktsystem

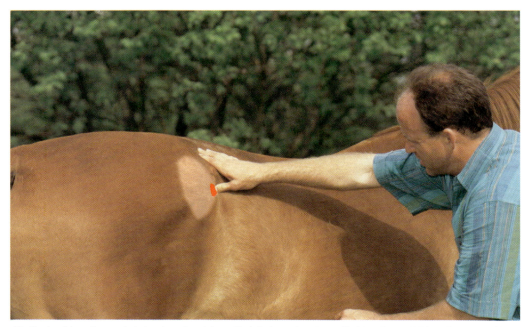

38: Region 5 besteht aus drei einzelnen Bereichen. Als Anhaltspunkt nehmen Sie bitte den im Bild markierten Hüftknochen Ihres Pferdes. Hier zeigen wir den ersten rot markierten Arbeitspunkt 5a, der zwischen der letzten Rippe und dem Hüftknochen liegt.

4.2.5. REGION 5

Diese Region besteht aus drei einzelnen Bereichen, die je nach Rasse und Konstitution des Pferdes etwas variieren können. Nehmen Sie immer den in Abb. 38 besonders markierten Anhaltspunkt, bevor Sie sich auf die Suche nach den drei Bereichen begeben.

5a) LAGE:
Die Pferde genießen besonders den Druck auf einen Punkt, den Sie zwischen der letzten Rippe und dem Hüftknochen ertasten können. Am besten legen Sie Ihren Daumen auf den Hüftknochen, lassen ihn nach vorne rutschen und drücken ihn von unten um den Knochen herum (Abb. 38). Dort sollten Sie - je nach Anatomie - die kleine Sehne fühlen.

5a) HINWEISE:
Bei etwas fülligeren, extrem bemuskelten oder kaltblütigen Pferden können Sie Proble-

39: Bei schwereren Rassen, etwas dickeren oder kaltblütigeren Vierbeinern kann es ein bisschen schwierig sein, den Hüftknochen auf Anhieb zu finden. Klatschen Sie einfach herzhaft auf die Kruppe und dann werden Sie die erhöhte Stelle unter dem eventuell dort sitzenden Speck schon finden...

Physische Entspannung: Das Druckpunktsystem

me haben, sogar den markierten Anhaltspunkt, den Hüftknochen zu finden. Klatschen Sie ruhig mit der offenen Handfläche energisch auf die Stelle und dann haben Sie vielleicht eine Chance den Knochen zu spüren (Abb. 39). Sie können die Stelle auch rein optisch ausmachen, aber wenn selbst das nicht funktioniert, dann setzen Sie Ihr Pferd auf Diät!

5b) LAGE:
Dieser Punkt liegt knapp hinter den Rippen. Sie spüren ein flaches, dickes Band, das Sie mit kreisendem Fingerdruck bearbeiten.

5b) HINWEIS:
Eventuell müssen Sie Ihre Fingerspitzen mit aller Macht in diesen Punkt drücken. Achten Sie darauf, dass das Pferd alle vier Beine gleichmäßig belastet, dann finden Sie den Bereich leichter.

5c) LAGE:
Nutzen Sie die helle Markierung von Abb. 42, um diesen Punkt zu finden. Arbeiten Sie wiederum mit kreisendem Fingerdruck durch die ganze Region hindurch, wobei Sie an den

41: Sie können die Kraft einer Hand auch gut verstärken, indem Sie die andere Hand darüberlegen und so mit beiden Händen Ihre Druckstärke erhöhen.

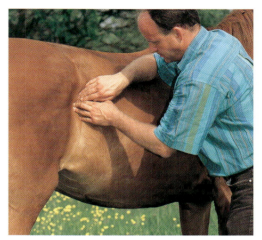

40: Achten Sie bitte darauf, dass Ihr Pferd während der Behandlung von Punkt 5b alle vier Beine gleichmäßig belastet.

verschiedenen Stellen immer wieder neu ansetzen. Ansonsten gelten die Hinweise von Punkt 5a.

5c) HINWEIS
Es geht bei 5c nicht darum, einen bestimmten Punkt zu treffen, sondern den ganzen in Abb. 42 gekennzeichneten Bereich mit dem Druckpunktsystem zu stimulieren.

42: Arbeiten Sie bei Region 5c mit der kreisenden Fingerspitzentechnik und decken Sie ruhig den ganzen Bereich damit ab. Falls Sie eine Verhärtung oder eine stärkere Reaktion vom Pferd spüren, dann arbeiten Sie an dieser Stelle einfach etwas länger.

Physische Entspannung: Das Druckpunktsystem

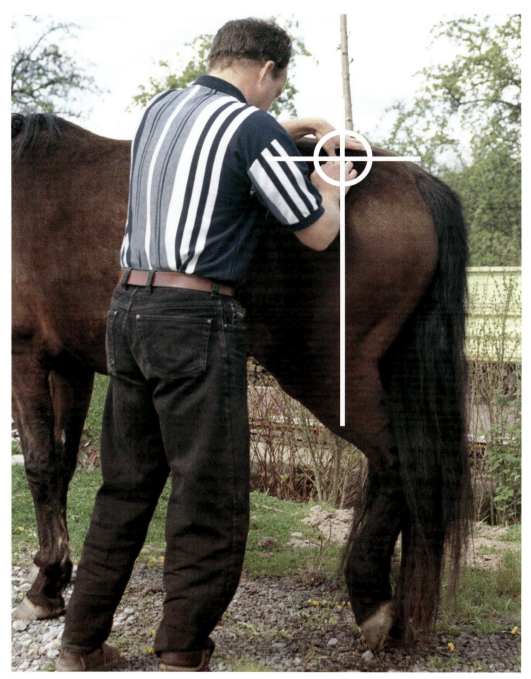

43: Region 6 liegt am oberen, mittleren Teil der Kruppe. Die Linie veranschaulicht diese Mitte. Arbeiten Sie mit Ihren Fingerspitzen wie bei Region 5c.

Physische Entspannung: Das Druckpunktsystem

44: Hier sehen Sie noch einmal ganz genau, wo die Region 6 liegt. Es geht wiederum nicht darum, einen einzelnen Punkt zu treffen. Sie können die ganze gekennzeichnete Fläche mit der kreisenden Fingerspitzentechnik Stück für Stück bearbeiten.

4.2.6. REGION 6

LAGE:

In Abb. 43 sehen Sie eine Linie, die annähernd die Mitte der Hinterhand kennzeichnet, sie endet bei Region 6. Bearbeiten Sie die Region am oberen Teil der Kruppe wie gezeigt mit dem kreisförmigen Fingerdruck. Setzen Sie am oberen Ende der Linie nahe bei der Wirbelsäule ungefähr am höchsten Punkt der Kruppe an. Rutschen Sie nun mit gekrümmten Fingern seitlich nach unten. Nach ca. 10 bis 15 cm fühlen Sie die Trennlinie zweier Muskeln. Das ist die Mitte der Region (Abb. 44).

HINWEISE:

Falls Ihr Pferd gerade an diesem Punkt unerwartet heftig reagieren sollte, müssen Sie sich an einen Druckpunktexperten wenden. Zunächst werden Sie je nach Rasse Ihres Pferdes am Kruppenbogen beim langsamen Herunterrutschen vielleicht nicht viel bemerken. Er ist rund und glatt. Nach 10 bis 15 cm können Sie aber mit Ihren leicht gekrümmten Fingern eine kleine Vertiefung ertasten und genau hier müssen Sie drücken. Allerdings kommt es nicht 100%ig darauf an, einen winzigen Punkt genau zu treffen, sondern Sie können diese ganze Region innerhalb der Vertiefung bearbeiten, eben wie Punkt 5c. Eventuell können Sie den Druck Ihrer gekrümmten Fingerspitzen (der Punkt liegt immerhin ziemlich hoch oben am Pferd) mit der anderen Hand verstärken, aber erst, nachdem Sie absolut sicher sind, dass sich das Pferd entspannt hat! Dies erkennen Sie z.B. daran, dass es das Hinterbein der massierten Seite nach Druck auf Region 6 entlastet, den Kopf senkt und sich „fallen lässt". Nach kurzer Zeit werden Sie diesen Punkt bei jedem Pferd im Schlaf finden!

Physische Entspannung: Das Druckpunktsystem

45: Dies ist die Region 7. Wir arbeiten hier entlang der blauen Linie wie in Region 2a mit der Faust.

46: Entlang der blauen Linie können Sie dann wieder kreisförmig mit Ihren Fingerspitzen drücken.

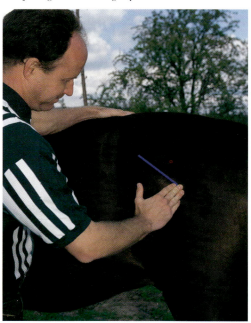

4.2.7. REGION 7

LAGE:

In Abb. 45 zeige ich Ihnen genau, wo der Muskel ist. Wie in Region 2a arbeiten Sie hier auch zunächst mit Ihrer Faust entlang der blauen Linie in Pfeilrichtung. An der blauen Linie können Sie dann wieder kreisförmig mit Ihren Fingerspitzen (Abb. 46) drücken.

HINWEISE:

Achten Sie sorgsam auf das, was Sie fühlen! Wenn Sie innerhalb der blauen Zone einen Punkt finden, der sich etwas härter als normal anfühlt, dann verweilen Sie dort mit dem PS für eine Minute, bevor Sie sich um den Rest kümmern. Wenn Sie zu weit hinten anfangen, können Sie einen Knochen fühlen. Arbeiten Sie aber nur vor diesem Knochen!

Physische Entspannung: Das Druckpunktsystem

 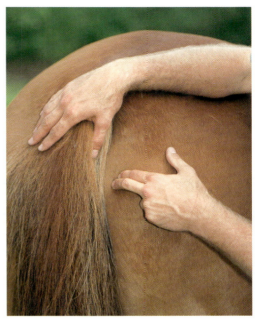

47: An dieser Stelle der Hinterhand sitzen verschiedene Druckpunkte sehr eng beisammen. Sie werden im Text näher erläutert. Bearbeiten Sie alle mit der kreisenden Fingerspitzentechnik!

48: Wir beginnen die Arbeit an Region 8 mit Punkt 8b, weil er mit Hilfe des Sitzbeinhöckers am leichtesten zu finden ist! Nachdem der Knochen direkt unter Ihrem drückenden Finger ist, müssen Sie bei diesem Punkt nicht ganz so viel Druck aufwenden, wie bei den anderen von Region 8.

4.2.8. REGION 8

Nachdem Sie bei Region 8 z.T. direkt hinter dem Pferd stehen und arbeiten, muss hier noch einmal besonders auf die Sicherheit aufmerksam gemacht werden!

Rund um den Sitzbeinhöcker liegen mehrere Druckpunkte. Von hier ausgehend massieren Sie mit unseren, bereits in sieben Regionen erprobten, kreisenden Fingerspitzen einfach einmal nach oben und sonst nach unten. Ein verspanntes Pferd wird auf eine Behandlung zunächst mit Abkippen des Beckens reagieren.

Weil er am einfachsten zu finden ist, beginnen wir mit Punkt 8b und erkunden von dort aus die anderen Arbeitsstellen der Region:

8b) Drücken Sie rund um den leicht zu findenden Sitzbeinhöcker. Nachdem Sie gegen einen Knochen arbeiten, benötigen Sie nur ungefähr die Hälfte des bisher angewendeten Druckes.

8a) Ca. ein bis zwei cm über 8b finden Sie 8a. Wenn Sie auf diesen Punkt drücken, dann fühlen Sie eine kleine, taschenartige Vertiefung. Hier können Sie wieder mit normalem Druck arbeiten.

Physische Entspannung: Das Druckpunktsystem

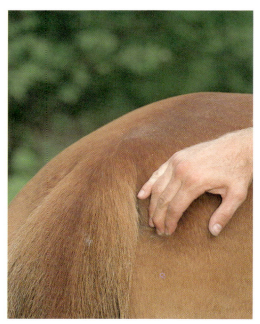

49: Wenige Zentimeter oberhalb von 8b liegt Punkt 8a.

51: Region 8d: Reiben Sie ruhig mit Ihrer Faust kräftig über die Hinterhandmuskulatur nach unten, bis zum Ende des Muskels.

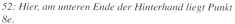

50: Wenige Zentimeter unterhalb des Sitzbeinhöckers liegt 8c.

52: Hier, am unteren Ende der Hinterhand liegt Punkt 8e.

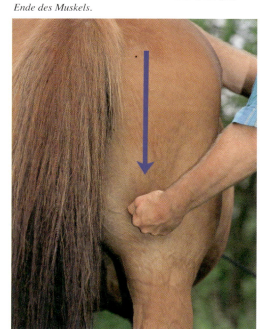

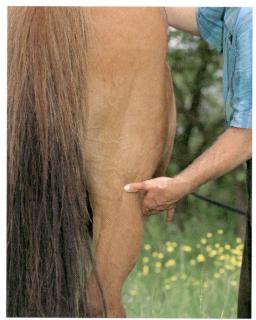

8c) Sie orientieren sich wieder an 8b, rutschen jetzt aber ca. drei bis vier Fingerbreit nach unten. Die Region fühlt sich oft weich an, aber im kleinen Umkreis können Sie nicht selten einige verhärtete Sehnen ertasten, die sich wie festgezurrte Schnürsenkel anfühlen. Arbeiten Sie genau an diesen Schnürsenkeln, aber genau wie in den anderen Regionen nicht länger als fünf Minuten!

8d) An gut durchtrainierten und bemuskelten Pferden findet man diese Region sehr einfach. Wenn das Pferd in schlechterer Kondition ist, dann reiben Sie einfach mit Ihrer Faust (Abb. 51) über die entsprechende Stelle der Hinterhand und versuchen Sie damit, den Muskel zu fühlen.

8e) Folgen Sie mit Ihrer Faust der blauen Linie von Abb. 51. Am Ende dieser Linie liegt der Punkt 8e (Abb. 52). Arbeiten Sie dort mit kreisendem Daumen- und Fingerdruck.

4.3. DER ABSCHLIESSENDE TEST

Selbstverständlich müssen Sie beide Seiten des Pferdes mit dem PS behandeln, aber bereits nach einer Seite ist es interessant, die behandelte und unbehandelte Seite in ihrer Reaktion miteinander zu vergleichen: Testen Sie doch noch einmal mit Fingerstochern die „kitzeligen" Stellen Ihres Pferdes am Rumpf. Bereits nach der ersten Behandlung können Sie Erfolge sehen (und wenn es nur 1% ist)!

Für schwere Verspannungen sind natürliche mehrere, intensive Behandlungen notwendig, bis sie völlig verschwinden, aber Ihr Pferd fühlt jetzt schon eine Linderung seiner Beschwerden. Machen Sie einfach weiter. Ist Ihr Pferd erst einmal weitestgehend oder sogar komplett gelockert, brauchen Sie in Zukunft nur noch regelmäßige kurze „Checks" der acht Regionen, um hartnäckigen Verspannungen vorzubeugen. Auch wenn ich bisher immer von mindestens 1% Erfolg mit dem PS gesprochen habe, so kann ich mir durchaus vorstellen, dass Sie nach einigen Behandlungen bei den meisten Regionen schon weitaus mehr erreichen konnten. Prima! Ich freue mich für Ihr Pferd!

Bewegen Sie Ihr Pferd nach der kompletten, beidseitigen Behandlung innerhalb von 3 Stunden locker für 15 bis 20 Minuten, damit die Blutzirkulation alle Rückstände aus dem bisher verspannten und jetzt gelockerten Muskel- und Sehnengewebe entfernen kann.

4.4. WANN UND WIE OFT SOLLTE ICH DAS PS ANWENDEN?

Sie wissen jetzt, wie Sie mit Hilfe der Türglocke Verspannungen lokalisieren können und sind auch jederzeit dazu in der Lage. Ein guter Zeitpunkt für einen Check wäre z.B. vor dem Reiten, oder wann immer Sie den Eindruck haben, dass Ihnen Ihr Pferd beim Umgang oder unter dem Sattel kleinere Schwierigkeiten bereitet (inzwischen wissen Sie ja auch, woran das liegen könnte).

Denken Sie unbedingt daran, dass Sie die vormals verspannten und teilweise inaktiven Muskeln sorgfältig arbeiten und bewegen müssen, damit Sie sich wieder an eine Zusammenarbeit mit Ihren „Teamkollegen" gewöhnen können. Nach einer Behandlung dauert es meistens ein bis zwei Monate gründlicher Arbeit, bis das Pferd in seine körperliche Balance zurückgefunden hat - wenn es nicht aufgrund von Krankheit oder Verletzung sehr lange gestanden hat. Dann brauchen die Muskeln natürlich länger, um sich wieder aufzubauen.

Nutzen Sie trotzdem das PS, um die Durchblutung zu erhöhen und die Muskeln zu lockern, so dass die Verletzung ohne zusätzliche Belastung durch Verspannungen ausheilen kann.

Ein bis zwei Mal pro Woche sollten Sie die acht Regionen überprüfen und wie in Kapitel 4 beschrieben, stimulieren. Nach etwas Übung, ist es durchaus möglich, dass Sie auch noch weitere verspannte Stellen am Pferdekörper finden. Kein Problem, dort dürfen Sie auch drücken und reiben! Rund um die großen Gelenke kann es nicht schaden und die bereits so oft angesprochenen 1% Erfolg können Sie bestimmt erzielen.

Ich kann mir gut vorstellen, dass Sie, angespornt durch Ihre ersten Erfolge, neugierig werden, und nach einer Weile neben den acht Regionen, auch den Rest Ihres Pferdes erkunden, oder anfangen, fremde Pferde zu checken. Sie werden vielleicht auf kleine Reaktionen stoßen und Sie einfach beseitigen können. Keine Angst! Sie können das Pferd nicht verletzen, solange Sie nur mit Ihren Fingerspitzen arbeiten.

4.5. VERTIEFENDE HINWEISE ZU DEN EINZELNEN REGIONEN

Ich wollte die Beschreibung der einzelnen Regionen nicht mit Hinweisen überladen, damit Sie die Stellen am Anfang leichter finden können.

Nun, nachdem Sie sicherlich schon einige Praxis haben, kann ich Ihnen weitere Informationen geben. Sie helfen Ihnen dabei, eventuell auftauchende Probleme zu meistern, mit denen auch ich regelmäßig konfrontiert werde! Wenn Sie erst einmal alle Regionen sicher kennen, dann reicht Ihnen dieses 5. Kapitel zum Vertiefen und Auffrischen Ihrer Kenntnisse.

Auch wenn es bei der einen oder anderen Region zunächst einmal Schwierigkeiten geben sollte, verzagen Sie nicht und arbeiten Sie einfach so gut Sie können. Nachdem alle

Muskeln zusammenhängen (Spinnennetz!), werden Sie es, einhergehend mit einer generellen Besserung der Lage, auch bei den schwierigeren Partien zunehmend leichter haben. Schüler bestätigen mir immer wieder, dass Sie nach spätestens fünf bis sechs durchgehenden PS-Behandlungen von Region 1 bis 8 alle Regionen sicher lockern können, egal wieviel Erfahrung Sie vorher hatten.

4.5.1. PUNKT 1

Bei kopfscheuen Pferden, die sich nicht gerne ins Gesicht oder an die Ohren fassen lassen, sollten Sie unbedingt das Beziehungstraining anwenden. Dann haben Sie dieses Problem schnell im Griff.

Viele Pferdefreunde haben Schwierigkeiten, den Punkt 1 zu finden, das merke ich auch in meinen Kursen. Das ist aber nichts Ungewöhnliches. Schließlich haben sie noch nie etwas Ähnliches gemacht und ausgerechnet der schwierigste Punkt des PS liegt genau am Anfang! Sie sind sich nicht sicher, ob sie den Punkt genau finden, wissen noch nicht, wie fest sie drücken müssen und haben (allerdings unbegründete) Angst, vielleicht das Pferd zu verletzen.

Falls Sie am Anfang bei diesem Punkt erfolglos sind (das Pferd gibt mit dem Kopf nicht nach), dann machen Sie sich keine Sorgen. Arbeiten Sie so gut Sie können an Region 1, sammeln Sie weitere Erfahrungen mit den übrigen Punkten und schon nach kurzer Zeit wissen Sie genau, wie Sie das Pferd anpacken können und müssen, um größtmög-

lichen Erfolg zu haben. Auch die Pferde gewöhnen sich schnell an die Behandlung und kommen Ihnen dann gerade an Punkt 1 zusehends mehr entgegen.

Im Laufe der Jahre bin ich vielen Pferden begegnet, die gerade in dieser Region unter alten Verletzungen leiden, die sie sich, vom Besitzer oft unbemerkt, z.B. schon als Fohlen oder Jährling in ihrem jugendlichen Ungestüm beim Kopfschlagen im Stall oder bei einem Transport zugezogen haben. Dann kann es hier durchaus zu sehr heftigen Reaktionen kommen. Wenn dies nach dem wirklich beruhigend wirkenden Beziehungstraining, nach vier bis fünf intensiven Behandlungen mit dem PS, sowie einer regelmäßigen Anwendung des Stretchings (Kapitel 6.4.) immer noch der Fall sein sollte, dann kann ich Ihnen nur empfehlen, mehrere Muskeln rund um die Kopf- Nackenregion abzuchecken und eventuell eine Röntgenuntersuchung in Erwägung zu ziehen.

4.5.2. REGION 2

2a) Zuckt Ihr Pferd am Hals, wenn Sie mit den Fingerspitzen an Unter- oder Oberseite etwas herumstochern? Das ist wieder die Türglocke - eine Verspannung ist zu Hause! Nehmen Sie Ihre Faust und reiben Sie die ganze Region, um generell zunächst die Durchblutung zu erhöhen.

Wenn das Pferd nämlich wirklich Probleme im Hals- und Schulterbereich hat, dann können Sie mit der Arbeit an den Sehnenansät-

Physische Entspannung: Das Druckpunktsystem

> Seien Sie etwas vorsichtig: Bei genügend festem Druck, den das Pferd auch durchaus brauchen kann, können Sie sich durch die Reibungswärme selber eigene Hautpartien abrubbeln und spüren das im Eifer des Gefechts zunächst noch nicht einmal!

zen zunächst nur wenig erreichen, wenn Sie vorher nicht die großen Verspannungen im Halsmuskel zumindest gelockert haben und dazu brauchen Sie Kraft.

Sie sollten diese Behandlung mit Ihrer Faust regelmäßig durchführen, auch wenn Ihr Pferd schon sehr gut auf die Therapie angesprochen hat. Die Muskeln werden damit äußerst positiv stimuliert. Schon nach vier bis fünf Behandlungen spüren Sie deutlich, dass die Muskeln weicher werden und auch so bleiben.

2b) Auch hier gilt generell: Nach dem Beziehungstraining werden Sie erheblich weniger Probleme haben. Wenn das Pferd trotz BT und einer völligen psychischen Entspannung immer noch heftig reagiert, dann liegt es meistens daran, dass die Regionen 4 und 5 ebenfalls noch stark verspannt sind. Denken Sie an das Spinnennetz und versuchen Sie einfach, zunächst die anderen Regionen des Körpers so gut wie möglich zu lockern.

Das Schwierigste bei der Arbeit an dieser Region ist natürlich, seine Hand in diese,

rein äußerlich völlig geschlossene Region in den Pferdekörper hineinzustecken! Ob Sie das nun lieber mit dem Handrücken oder der Handfläche machen sei Ihnen überlassen. Probieren Sie einfach aus, was Ihnen mehr liegt.

Wenden Sie keine Gewalt an! Drücken Sie einfach und warten dann, bis das Pferd sich entspannt und Sie weiter hineinlässt. Wenn der Kopf tiefer sinkt, ist das normalerweise ein Zeichen dafür, dass es klappt. Drücken Sie weiter und gehen Sie tiefer. Wie tief? Theoretisch kann Ihre ganze Hand problemlos in der Schulter verschwinden, aber wenn Sie Ihr Pferd aufmerksam beobachten, es seinen Kopf senkt und sich Ihnen gleichzeitig zuwendet, dann ist das ein gutes Zeichen dafür, dass Sie „angekommen sind". Sie können aber durchaus den Kopf sanft nach vorwärts-seitwärts ziehen, das Pferd entspannt sich dann meistens von selbst mehr als ohne diese kleine Hilfe.

4.5.3. REGION 3

Einer der wichtigsten Punkte des PS hilft Ihnen auch beim Pferdekauf zu überprüfen, wie sorgfältig bisher mit diesem Vierbeiner umgegangen wurde. Verspannungen in diesem Bereich lassen automatisch auf weitere Probleme schließen und beruhen in nahezu allen Fällen auf Satteldruck. „Mein Sattel passt", oder: „Ich verwende eine dicke Unterlage mit Gelpad" höre ich zwar oft, aber die Reaktion der jeweiligen Pferde beweist das Gegenteil!

Physische Entspannung: Das Druckpunktsystem

Erinnern Sie sich: Kleinere Verspannungen in den Sehnen bleiben oft über Jahre hinweg unbemerkt und Reaktionen zeigen sich oft erst, wenn ca. 30% des Gewebes geschädigt sind. Gerade am Widerrist üben Sattel und Reiter einen hohen Druck auf den Pferdekörper aus. Falls Sie große Probleme an dieser Stelle finden, könnten diese natürlich auch von früheren Besitzern und schlechten Sätteln stammen. Wenn die Probleme aber trotz des PS nicht deutlich besser werden, dann müssen Sie ernsthaft daran denken, Ihren jetzigen Sattel zu wechseln.

Nachdem Verspannungen physiologische Ursachen haben, wird übrigens auch ein Gelpad dieses Problem, wenn es durch Satteldruck verursacht wurde, nicht lösen und den Druck, der durch einen schlecht sitzenden Sattel mit Reiter auf den Widerrist ausgeübt wird, vollständig abfangen können: Der konzentrierte Druck auf kleiner Fläche drückt die zähe Gelmasse problemlos zur Seite und während Sie sich mit dem Bewusstsein, wirklich alles erdenklich Gute für Ihr Pferd zu tun, in Sicherheit wiegen, drückt der Sattel munter weiter! Findige Unternehmer bieten seit neuestem computerunterstützte Untersuchungen an, mit deren Hilfe sich ein schlecht sitzender Sattel entlarven lässt. Das PS braucht zwar etwas länger dazu, kostet Sie aber nichts!

Überprüfen Sie Region 3 mit aller Kraft, die Sie in den Fingern haben! Sie werden schnell sehen, wenn sich eine Verspannung offenbart, denn während des Checks am Widerrist zuckt oft die Haut an der ganzen Seite so, als ob das Pferd versucht, eine Flie-

ge loszuwerden. Ich empfehle bei starken Reaktionen an dieser Stelle den Besitzern oft, das Pferd während einer therapeutischen Behandlung 2 bis 3 Wochen nicht zu reiten. Auch bei Sportreitern sollte dies nach der Turniersaison möglich sein. Nach einer vollständigen Lockerung des Pferdes kann man dann sehr gut überprüfen, ob der aktuelle Sattel irgendwelche Schwierigkeiten bereitet.

4.5.4. REGION 4

Anfangs hat man gerade bei Region 4 Probleme zu erkennen, welcher der vielen Muskeln in dieser Gegend nun tatsächlich betroffen ist. Daher ist es hier von besonderer Bedeutung, das gesamte Gebiet rund um den Ellenbogen und Schwerpunkt des Pferdes und besonders dort, wo der Sattelgurt ansetzt mit Fingerstochern zu checken. Vergessen Sie nicht die „Türklingel"! Wenn irgendwo eine Verspannung sitzt, dann wird sie mindetens in Form von Hautzucken anschlagen.

Wenn Sie bisher beim Putzen einige Probleme in dieser Region hatten (das Pferd reagiert „kitzelig"), oder das Pferd jetzt auf das Fingerstochern reagiert hat, dann liegt das schlicht und einfach daran, dass es dort Verspannungen hat, die ihm bei Berührung Schmerzen bereiten! Finden Sie nicht auch, dass es äußerst unwahrscheinlich ist, dass ein großes, kräftiges Pferd bereits Unbehagen durch die Berührung mit einer Bürste verspüren soll? Genau das ist aber der Fall, wenn sich in dieser Region Verspannungen über Jahre hinweg halten. Letztendlich werden sie so schmerzhaft, dass sich das Pferd sogar veranlasst fühlt, aufgrund einer Berührung, sei es durch Hände, Bürsten oder Sättel, noch schlimmer schon bei einer bloßen Annäherung mit Beißen und Schlagen zu reagieren. Denken Sie jetzt auch an irgendein Pferd, das Sie kennen und das Sattelzwang hat? Untersuchen Sie es in Region 4! Oft sind Verspannungen die Ursache des Problems und Sie haben es jetzt buchstäblich in der Hand, es zu lösen! Was sind schon ein paar Wochen PS gegen permanente Probleme beim Satteln? Natürlich kann ich Ihnen keinen konkreten Zeitplan geben, denn ich kenne Ihr Pferd nicht und kann daher auch nicht abschätzen, wie lange Sie jetzt tatsächlich brauchen, um jeden kleinen Punkt, der Ihr Pferd schmerzt, zu eliminieren. Arbeiten Sie einfach jeden zweiten Tag mit dem PS, machen Sie sich Notizen über die Reaktionen, freuen Sie sich über Fortschritte und arbeiten Sie Ihr Pferd ansonsten wie gewohnt.

Falls Ihr Pferd das oben geschilderte, extreme Verhalten zeigt, dann sollten Sie sich für diese Region besonders viel Zeit nehmen, damit das Tier Ihre Arbeit akzeptiert. Nur Geduld! Nach vier bis fünf Behandlungen an Region 4 wird sich Ihr Pferd schon entschieden wohler fühlen und die Muskeln können sich von Mal zu Mal ein bisschen mehr entspannen.

Bei sehr starken Verspannungen kann es durchaus vorkommen, dass Ihr Pferd am nächsten Tag unter Muskelkater leidet. Schließlich haben die Muskeln vermutlich seit Jahren ihre Aufgaben nur sehr einge-

schränkt erfüllen können und sollen jetzt auf einmal wieder voll arbeiten. Wenn nach den Behandlungen eine leichte Lahmheit auftritt, so ist das kein Grund zur Sorge! Bewegen Sie Ihr Pferd vorsichtig, massieren Sie weiter, fördern Sie die Durchblutung und bringen Sie die Muskeln wieder in Schwung! Mit der Arbeit bauen sich die geschädigten Partien wieder auf und Ihr Pferd kann sich bald wieder schmerzlos und geschmeidig bewegen.

Bitte beachten Sie, dass sich auch bei einem Pferd mit extremer Reaktion spätestens nach einer sechswöchigen Behandlung eine Besserung einstellen sollte. Falls sich überhaupt nichts in die positive Richtung hin tut, dann müssen Sie das Pferd einem professionellen Therapeuten vorstellen, der sich dann intensiv um die Verspannung kümmert und das Pferd zusätzlich auf weitere Problemzonen hin untersucht. Einmal vollständig gelockert, ist es dann auch für Sie kein Problem mehr, das relaxte Pferd mit dem 8-Punkte-PS und den später erläuterten Dehnungsübungen in diesem Zustand zu halten.

4.5.5. REGION 5

5a) Da diese spezielle Muskel-Sehnen-Einheit gewöhnlich unter mehr Spannung steht, als alle anderen Punkte die wir besprechen, ist es nicht immer einfach zu erkennen, ob hier nun tatsächlich eine Verhärtung vorliegt oder nicht. Arbeiten Sie einfach darauf los, Sie können nichts falsch machen. Mit zunehmender Erfahrung lernen Sie, die klei-

Physische Entspannung: Das Druckpunktsystem

> ICH MUSS AN DIESER STELLE NOCH EINMAL ZUR VORSICHT BEI DER ARBEIT AN DER HINTERHAND MAHNEN: Selbst bei den ruhigsten Pferden müssen Sie im Falle einer schmerzhaften Verspannung damit rechnen, dass die Vierbeiner reflexartig mehr oder weniger liebevoll versuchen, ihre Therapeuten - also Sie - loszuwerden. Stützen Sie sich zu Ihrer eigenen Sicherheit mit einem ausgestreckten Arm am Pferd ab, solange Sie mit der anderen Hand arbeiten und springen Sie sofort zurück, wenn Sie spüren, dass sich unter Ihnen plötzlich die Muskeln spannen...

nen Unterschiede zwischen einer Verspannung und der natürlichen Spannung des Muskels zu unterscheiden. Wenn Sie es nicht abwarten können, probieren Sie diesen Punkt einfach an acht bis zehn verschiedenen Pferden. Wenn Sie dann zu Ihrem eigenen zurückkommen, haben Sie schon mehr Fingerspitzengefühl!

5b) Auch in diesem Bereich reagieren viele Pferde beim Putzen mehr oder weniger ungehalten. Nehmen Sie einfach Ihre Faust und reiben Sie möglichst fest von oben nach unten. Nach drei bis vier Behandlungen werden Sie eine Besserung des Verhaltens beobachten.

Um diesen Bereich genau zu finden, sollte das Pferd sein Gewicht gleichmäßig auf alle Beine verteilt haben. Auch wenn das Pferd am Anfang der Arbeit ein Hinterbein entlastet (ein gutes Zeichen für Entspannung), dann drücken Sie es zunächst wieder zurück, bis Sie die Punkte sicher auch bei entlastetem Bein finden. In diesem Bereich fangen Pferde öfter an, vor Wohlbehagen regelrecht zu grunzen, gerade wenn eine größere Verspannung vorlag. Die Tiere sind erkennbar erleichtert und geben dies auch deutlich zu verstehen: Die schönste Bestätigung für Ihre Arbeit mit dem PS.

5c) Meistens tendieren Pferde hier zu Reaktionen, wenn sich eine Verspannung vom Rücken ausgehend ausgeweitet hat. Oft senkt sich der hintere Teil der Wirbelsäule etwas ab, wenn Sie an verschiedenen Punkten innerhalb dieser Region drücken. In diesem Fall bleiben Sie einfach für ein bis zwei Minuten dort bei c, bis Sie fühlen, dass der Punkt an dem Sie arbeiten, weicher wird.

4.5.6. REGION 6

Wenn Ihr Pferd gut bemuskelt oder gefüttert ist, dann haben Sie es nicht leicht, diesen Punkt auf Anhieb zu finden. Am besten richten Sie sich wirklich nach der Abb. 43 in Kapitel 4.2.6. und arbeiten ungefähr an derselben Stelle. Nach ein paar Behandlungen wird sich die Hinterhandmuskulatur entspannen und Sie haben es leichter, den Punkt zu finden.

4.5.7. REGION 7

Im Fall einer Verspannung in dieser Region können Sie diese mit einiger Übung bereits mit bloßem Auge erkennen: Der Muskel wirkt fest, wenn sich das Pferd bewegt und steht irgendwie isoliert im Körper. Beobachten Sie diese Region einmal genauer und Sie werden feststellen, dass dieser Eindruck nach ein paar Behandlungen verschwindet.

Um das Gewebe erst einmal zu lockern, sollten Sie diese Region mit Ihrer Faust während der ersten Behandlungen zunächst einmal so fest wie möglich reiben, bevor Sie dort mit den Fingerspitzen detaillierter arbeiten können. Wenn dies nicht ausreicht, dann dürfen Sie extrem festes Gewebe durchaus auch mit vorsichtigen Fauststößen lockern. Dabei sollten Sie ungefähr dieselbe Kraft aufwenden, die Sie an Ihrem eigenen Körper noch gut aushalten könnten. Normalerweise reagieren die Muskeln sehr gut auf eine solche Behandlung, auf die dann das Faustreiben und schließlich Ihre Fingerspitzen mit dem eigentlichen PS folgen. Einmal gelockert (das ist normalerweise nach zwei bis drei Behandlungen der Fall), sind diese massiven Maßnahmen bei Region 7 nicht mehr notwendig und Sie können sofort mit dem PS beginnen.

4.5.8. REGION 8

8a) Leider fühlt sich diese Region eigentlich immer weich an, auch wenn Sie verspannt ist. Nach einer erfolgreichen Behandlung wird Ihnen 8a nach einiger Erfahrung viel-leicht etwas tiefer erscheinen. Jetzt haben Sie diesen Punkt so ausdauernd gedrückt und sehen hier - z.B. im Gegensatz zu Region 4 nur so wenig Unterschied? Dann darf ich Sie noch einmal an unser Spinnennetz erinnern: Alle Muskeln hängen zusammen und selbst die kleinste Verbesserung eines einzelnen Gewebeabschnittes hilft auch allen anderen Muskeln! Bleiben Sie dran und drücken Sie diesen Punkt wenigstens eine Minute lang, auch wenn Sie keinen Unterschied fühlen!

8b) Nachdem genau hinter diesem Punkt der Sitzbeinhöcker liegt, müssen Sie nicht so fest wie an den anderen Punkten drücken. Achten Sie vor allem auf härtere Partien in dieser Gegend. Oft stehen die Sehnen von Region 8 so unter Spannung, dass sie sich wie straffgeschnürte Schnürsenkel anfühlen. Falls Sie so einen Schnürsenkel aufspüren, dann werden Sie bereits nach einer Minute Arbeit mit dem PS spüren, dass die Spannung etwas nachlässt.

Es ist durchaus möglich, dass Sie nichts dieser Art finden, aber manche Pferde haben gerade in der Hinterhand schmerzhafte Verspannungen sitzen und dann werden Sie sicher fündig. Stimulieren Sie die entsprechenden Bereiche und sorgen Sie regelmäßig dafür, dass sie weich und gut durchblutet bleiben. Die Probleme werden nicht von heute auf morgen verschwinden, aber sie werden sich von Mal zu Mal bessern.

8c) Nachdem ich die ganze Zeit versuche, Ihnen das PS so einfach wie möglich zu erklären und Ihnen nur verschiedene Gefühle

Physische Entspannung: Das Druckpunktsystem

vermitteln möchte, wie sich die eine oder andere Region anfühlt, darf ich Ihnen sagen, dass Sie an diesem Punkt bei fast allen Pferden lauter Schnürsenkel fühlen! Sie sollten elastisch und nachgiebig sein. Straff und etwas verdickt deuten sie auf eine Verspannung hin.

8d) Beim Checken dieser Region reagieren verspannte Pferde besonders oft mit Abkippen des Beckens. Wenn sich die Muskel-Sehnen-Einheit fest anfühlt, wird Ihre Hand beim Reiben nicht besonders tief eindringen. Dies ändert sich nach einigen Behandlungen und dann sollten Sie auch erfolglos nach der „Klingel" suchen.

Wenn diese Region sehr verspannt ist, beginnen Sie nur mit leichtem Druck der Faust. Vielleicht brauchen sie dann ein paar Sitzungen mehr, aber für Ihr Pferd wird`s nicht so unangenehm und es fühlt sich hoffentlich weniger veranlasst, bei Schmerzen nach Ihnen auszuschlagen.
SEIEN SIE VORSICHTIG!

8e) Auch hier können Sie viele Schnürsenkel spüren und die Erfahrung hat gezeigt, dass Sie mit diesem Punkt auch bei wenig verspannten Pferden gute Erfolge erzielen können.

So, nun haben Sie erst einmal genug mit Ihren Fingern am Pferd herumgedrückt! Gönnen Sie Ihren Armen eine Pause: Es ist jetzt nämlich an der Zeit, den Kopf Ihres Pferdes zu arbeiten!

> Probleme in 8d/e resultieren meistens aus Verspannungen in Region 5c und 6. Konzentrieren Sie sich daher zunächst auf 5c und 6, dann gibt`s auch in 8d/e weniger Probleme.

5. DIE ZWEITE HÄLFTE DES HEISSEN DRAHTES: PSYCHISCHE ENTSPANNUNG DURCH DAS MOTIVIERENDE BEZIEHUNGSTRAINING (BT)

Das Motivierende Beziehungstraining

Bis jetzt haben Sie eine Menge über die Muskulatur Ihres Pferdes erfahren und beherrschen auch einige Handgriffe, mit denen Sie das Wohlbefinden Ihres Pferdes deutlich steigern können.

Darüber hinaus möchte ich Ihnen aber in diesem Buch neben dem PS ein Training vorstellen, das von den einen als Dominanz-, von anderen als Beziehungs- und von wieder anderen als Kopftraining bezeichnet wird. Es ist mir wiederum sehr wichtig, dass dieses „Motivierende Beziehungstraining" für Sie genauso einfach zu verstehen und nachzuvollziehen ist, wie das PS, denn es bildet die zweite Hälfte des „heißen Drahtes" zum Pferd.

Ohne Geheimniskrämerei, philosophischen Überbau, teures Zubehör oder endlose Kurse werden Sie mit Ihrem Pferd in kürzester Zeit (bei korrekt durchgeführtem BT in der Regel 20 bis 30 Minuten) eine völlig neue Art der Zusammenarbeit erleben. Jeder, der diese intensivierte Beziehung zu einem Pferd schon einmal erleben durfte, weiß genau, dass das Ergebnis jede Bemühung darum, jeden Aufwand rechtfertigt. Das Tier wird Ihnen nach dem BT in jeder Situation seine volle Aufmerksamkeit schenken und konzentriert mit Ihnen zusammenarbeiten. Bei mir steckt dahinter wirklich keine andere Philosophie als die, dass ich Ihnen helfen möchte, dies alles ohne großen Aufwand auch tatsächlich mit Ihrem Pferd zu erreichen. Ich nutze das Beziehungstraining bei allen meinen Therapiepferden und kann damit so manche Angst oder ungewünschtes Verhalten beim Pferd korrigieren, aber in

diesem Buch ist nicht Platz genug für alles, was man damit erreichen kann. Wichtig ist hier vor allem, dass mein „Motivierendes Beziehungstraining" auch dazu beiträgt, Muskelverspannungen zu verhindern. Dazu später mehr.

> Ich nutze das Motivierende Beziehungstraining (BT), die zweite Hälfte Ihres „heißen Drahtes zum Pferd" als Arbeitsgrundlage zunächst für alles, was ich mit Pferden anstelle. Sammeln Sie (wie beim PS) einfach bei möglichst vielen Pferden Erfahrungen mit dem BT, denken Sie über die vielen Möglichkeiten, die Ihnen dieses Training eröffnet nach und experimentieren Sie damit! Genießen Sie Ihre Erfolge und freuen Sie sich an einer intensiveren Beziehung mit Ihrem Pferd.

Warum „motivierend"? Als Ihr Lehrer bemühe ich mich momentan darum, Ihnen einige neue Dinge in Zusammenhang mit Ihrem Pferd beizubringen und wir werden gemeinsam gute Resultate erzielen, weil Sie sich dafür interessieren, Verspannungen an Ihrem Pferd zu lösen - sonst hätten Sie sich wohl kaum dieses Buch zugelegt. Ich kann Sie aber kaum dazu zwingen, in den Stall zu gehen, alles auszuprobieren, hinzuzulernen und das PS bald ohne Anleitung zu beherrschen - es sei denn, Sie wollen es!

Das Motivierende Beziehungstraining

Kein äußerer Zwang bringt einen Schüler dazu, ebenso erfolgreich zu lernen, als wenn er sich von sich aus für eine Sache interessiert. Der eigene Wille, die von innen kommende, intrinsische Motivation, Neugierde und konzentrierte Aufmerksamkeit für eine Sache, ermöglicht die größten Lernfortschritte. Jede moderne Pädagogik wird von diesem Grundsatz bestimmt und er funktioniert auch bei Tieren. Die Methoden sind zwar von Art zu Art verschieden, aber Ergebnis und Zielsetzung sind stets gleich: Wenn wir wissen, wie wir ein Lebewesen motivieren können, wird es möglich, seine Aufmerksamkeit auf uns zu lenken. Wir können leichter mit ihm kommunizieren und ihm somit auch etwas beibringen. Und siehe da: Plötzlich sind wir genau da angelangt, wo wir mit all unseren Bemühungen rund ums Pferd immer hin wollten!

Meine Methode besteht grundlegend aus fünf Schritten, wobei Sie sich nur um eins und zwei kümmern müssen, drei bis fünf erledigt das Pferd für Sie. Ihre Aufgabe besteht vor allem darin, das Pferd und sich selbst dabei zu beobachten und ich verspreche Ihnen, dass Sie beide davon profitieren!

1) Bewegen Sie das Pferd
2) Häufige Richtungswechsel
3) Freiwilliges Zuwenden des Pferdekopfes zum Trainer
4) Frontale Zuwendung zum Trainer durch Wenden der Hinterhand bei stehender Vorderhand
5) Volle Konzentration des Pferdes

Ich werde Ihnen die einzelnen Schritte in den nächsten Kapiteln ausführlich erläutern und Ihnen meine anschauliche Erklärung dafür liefern, warum das Pferd wohl auf eine derartig überraschende, faszinierende Weise auf das BT reagiert. Zunächst mag Ihnen das alles etwas ungewöhnlich erscheinen, aber ich darf Sie nur bitten, damit Erfahrung zu sammeln und im Laufe der Zeit Ihre alten Gewohnheiten rund ums Pferd zu hinterfragen. Viele Dinge schleichen sich in unser Leben, sind eigentlich überflüssig oder unpraktisch und werden nur aus Tradition oder Gewohnheit mit der Begründung: „Es war schon immer so" beibehalten. Bedürfnisse können sich aber wandeln und nach eingehender Prüfung entdecken wir vielleicht, dass so manche Gewohnheit, die wir zwar unbewusst durchaus schon einmal hinterfragt, aber dennoch nie geändert haben, auf falschen Informationen, Bequemlichkeit oder Vorurteilen beruht. Also seien Sie offen für die neuen Möglichkeiten, die Ihnen das BT in Zusammenhang mit dem PS bietet, denken Sie nach und arbeiten Sie nach Pferde- nicht nach Menschenmaßstäben!

5.1. PSYCHISCHER STRESS VERURSACHT VERSPANNUNGEN

Die Psyche des Pferdes wird durch Herden- und Fluchttrieb bestimmt, wobei das Pferd stets versuchen wird, genügend Energie für eine Flucht zu bewahren. Im Englischen kennen wir ein Sprichwort, das ungefähr lautet:

Das Motivierende Beziehungstraining

„Alles, was ein Pferd nicht kennt, lässt es flüchten, weil es vielleicht beißt". Jedes Pferd hat seine eigene Vorstellung von „gefährlich", „vielleicht gefährlich" und „sicher gefährlich". Mit viel Geduld, positiven Erfahrungen und Wiederholungen kann man allerdings bei einem Pferd das eine oder andere Verhaltensmuster unterdrücken und im Laufe der Zeit, oberflächlich gesehen, sogar eliminieren.

So verlieren z.B. nahezu alle Pferde ihre natürliche Angst vor lauten landwirtschaftlichen Maschinen, wenn Sie in einem entsprechenden Betrieb aus ihrer Box heraus die Fahrzeuge regelmäßig beobachten können. Nach und nach wird ihre Instinkthandlung „Flucht", weil „Angst", mit Hilfe von Gewöhnung durch Gewohnheit ersetzt.

Dies erleichtert uns Menschen den Umgang mit Pferden ungemein. Langsam an Neues herangeführt, lassen sich Pferde an alles gewöhnen. Shownummern mit Sprüngen durchs Feuer oder Pferde, die im Zirkus von Raubtieren geritten werden, zeugen davon. Für den täglichen Gebrauch nützt uns schon die Gewöhnung des Pferdes an das Kommen, wenn es gerufen wird und falls man sich bei einem Ausritt unfreiwillig voneinander „verabschiedet", dann profitieren wir von der Gewohnheit unserer Vierbeiner, im heimatlichen Stall Geborgenheit und Futter zu erhalten - sie kehren oft von alleine dorthin zurück.

Viele Verhaltensmuster unserer Reitpferde beruhen nur auf Gewohnheiten und können jederzeit vom scheinbar allmächtigen Instinkt überlagert werden - Ursache so man-

cher Probleme! Versuchen Sie einmal ein Pferd, das sonst immer auf seinen Namen reagiert, auf einer weitläufigen Koppel anzulocken und einzufangen, wenn es gerade glaubt, vor einem plötzlich auftauchenden Motorrad davonlaufen zu müssen! Das Tier wird sich immer zunächst auf die vermeintliche Gefahr konzentrieren.

Leider können sich durch unsachgemäßen Umgang mit Pferden auch unerwünschte Gewohnheiten entwickeln. Der Mensch spricht dann oft von „Untugenden" des Pferdes, die aber meistens von ihm verursacht wurden. Temperamentvolle, persönlichkeitsstarke, schwierige oder gar „verdorbene" Pferde (wobei die Schuld immer beim Menschen liegt) sind oft besonders problematisch im Umgang. Sie wehren sich gegen jeden physischen Zwang und werden dadurch vom Menschen, der die Kontrolle über das Pferd bewahren will, noch mehr bedrängt. Sicher kennen auch Sie das eine oder andere Pferd, mit dem nicht so einfach auszukommen ist und das sich scheinbar regelmäßig darum bemüht, seinem Besitzer sowohl im Umgang als auch im Sattel das Leben schwer zu machen. In den Kapiteln über das PS haben Sie schon einige Dinge erfahren, die vielleicht die Ursache für dieses problematische Verhalten sein können. Tatsächlich haben viele Pferde, die leicht scheuen, oftmals starke Verspannungen oder Rückenprobleme. Sie spüren instinktiv, dass sie in ihrer Beweglichkeit eingeschränkt sind und vielleicht im Gefahrenfall nicht schnell genug flüchten können. Daher sind sie übervorsichtig und reagieren lieber einmal zu früh, als zu spät. Diese Angst verursacht natürlich Stress und damit weitere Verspannungen. Ein Teufelskreis nimmt seinen Lauf.

Eine besondere Form von Stress wirkt aber auch durchaus positiv: Viele Menschen suchen sich immer wieder neue Aufgaben, um sich freiwillig ganz bewusst diesem positiven Stress auszusetzen. So finde ich es z.B. ungemein spannend, dieses Buch für Sie zusammenzustellen. Ich bin jetzt schon lange mit der Materie vertraut und dennoch gezwungen, mich stets zu fragen, ob ich nicht etwas vergessen habe oder ob meine Ausführungen gut verständlich für Sie sind. Ich empfinde das als Anregung und es bereitet mir Freude, auch wenn es anstrengend ist und ich nach ein bis zwei Stunden regelmäßig eine Pause einlegen muss. Ein vertrauensvoll auf den Menschen reagierendes Pferd hat sicher Freude an neuen Aufgaben oder der spielerischen Bewältigung eines Trailparcours, auch wenn dies vorübergehend Stress bedeutet.

Während meines Studiums habe ich nicht gerade begeistert über meinen Skripten gesessen. Ich stand unter enormem Druck, dem ich gerne ausgewichen wäre. Dieser übermäßige Stress wirkte sich deutlich negativ auf meinen Organismus aus: Ich wurde gereizt, unruhig und die Anspannung machte sich auch in einem ständig verspannten Nacken bemerkbar.

Überforderte, aufgeregte oder sensible Pferde verspannen sich ebenso und Sie wissen sicherlich, dass eine konstante Leistung beim Pferd nicht mit Druck erreicht werden

kann. Es wehrt sich durch „Untugenden", die durch stressbedingte Muskelverspannungen noch zusätzlich gefördert werden.

> Lange Rede, kurzer Sinn: Stress beeinträchtigt durchaus die Muskeln und wenn wir noch einmal an den Anfang dieses Kapitels zurückkehren, dann geht es beim BT vor allem darum, die Vorstellungen eines Pferdes von „vielleicht gefährlich" und „gefährlich" in „nicht gefährlich" umzuwandeln. Nachdem Sie die einzelnen fünf Schritte mit Ihrem Pferd durchlaufen haben, können Sie dem Tier jede Form von negativem Stress präsentieren. Wenn der Fluchtinstinkt durchbricht und das Pferd davonläuft, können Sie aber sicher sein, dass es zurückkommt und damit den Vorgang so oft wiederholen, bis das Tier die vermeintliche Gefahr als „ungefährlich" einstuft.

Ich denke nicht, dass Sie wie ich in der glücklichen Lage waren, auf einer großen Ranch aufzuwachsen, wo die Pferde auf riesigen Weiden artgerecht in Herden umherstreifen konnten. Die heute weltweit verbreiteten Probleme, die mit Pferden überall in derselben Form auftauchen, waren für uns damals kein Thema. Je „wilder" und natürlicher die Pferde aufwuchsen, desto unproblematischer waren sie später auch im Umgang mit dem Menschen - ganz im Gegensatz zu den behüteten Tieren, die oftmals mit mehr Kontakt zum Menschen als zu Artgenossen großwerden.

In der Sicherheit der Herde und im sozialen Umgang mit Artgenossen lernen die jungen Tiere ihre Umgebung zu erkunden. Ich möchte mit meinem BT den freien Willen des Pferdes aufgreifen, um dieses „Urvertrauen" in den Menschen zu stärken und seine Entscheidung „nicht gefährlich" für jede erdenkliche Situation herbeiführen. Das Pferd wird daraufhin Neuem vertrauensvoller begegnen und Sie haben es in Zukunft wesentlich einfacher mit ihm.

Bisher hat das BT bei ALLEN Pferden funktioniert. Der einzige Haken an der Sache sind tatsächlich SIE. Haben Sie Geduld und arbeiten Sie sich Schritt für Schritt vorwärts. Schon beim PS hatte ich Ihnen Erfolg versprochen und Sie haben ihn erreicht - stimmt`s? Normalerweise sollten wir das BT vor dem PS durchführen, da es die Arbeit wirklich erleichtert. Ich musste aber erst ein bisschen glaubwürdiger für Sie werden - schließlich verspreche ich eine ganze Menge!
Ich hoffe, dass Sie nach den guten Erfahrungen mit dem PS offen für das BT sind, denn dabei brauchen Sie etwas mehr Geduld!

5.2. DAS MOTIVIERENDE BEZIEHUNGSTRAINING (BT): VORGEHENSWEISEN

Setzen Sie zunächst rund eineinviertel Stunden für das Training an und kontrollieren Sie die Zeit! Wenn Sie die fünf Schritte nicht klar erhalten, können Sie einfach am nächsten Tag weiterarbeiten.

1. Die Grundidee besteht in der zunächst vom Trainer erzwungenen Bewegung des Pferdes (Abb. 53). Der anfängliche Übermut (jedes Pferd ist es schließlich gewohnt, dass man es „laufen" lässt, wenn einmal keine Zeit zum Reiten ist) wird irgendwann vorbei sein. Bewegen Sie das Tier weiter! Keine Sorge - wenn die Situation es erfordert, können Pferde länger als Sie denken im Galopp durchhalten. Die beständige Aufforderung zum Laufen (lautes Zungenschnalzen, Nachlaufen, Schwenken der Longe) wird dem Pferd irgendwann unangenehm: Schließlich ist Herumstehen viel bequemer! Die Muskeln werden nun für unser Ziel arbeiten, denn das Pferd möchte - wie schon vorher erläutert - Energie sparen und wird versuchen, einen Ausweg aus dem „Laufen müssen" zu finden. Wir helfen ihm durch unsere kontrollierten Reaktionen auf sein Verhalten, herauszufinden, dass es uns gegenüber nur bedingungslose Aufmerksamkeit und damit Lernwillen signalisieren muss, um in Ruhe gelassen zu werden. Dabei müssen wir uns in unserer Körpersprache auch gut beobachten, um wirklich eindeutige Signale von Aktivität oder entspannter Ruhe auszusenden.

Das Motivierende Beziehungstraining

53: BT 1. Schritt: BEWEGUNG. Bitte beachten Sie, dass die Bewegung überwiegend vom Pferd und nicht vom Trainer ausgeführt werden sollte...

54: BT 2. Schritt: RICHTUNGSWECHSEL. Sehr deutlich sehen Sie im Bild, wie der Trainer mit Hilfe der Longe das Pferd dazu bringt, die Richtung zu wechseln. Je öfter Sie das nachvollziehen, desto besser wird die Kontrolle, die Sie über das Pferd erhalten.

Durch wiederholtes Training wird uns das Pferd immer schneller mit erhöhter und konstanter Aufmerksamkeit begegnen. Konzentration und innere Ruhe des Pferdes sind das Ergebnis auf unsere eigene Ruhe, die wir bei Aufmerksamkeit des Pferdes ausstrahlen müssen.

2. Die Kontrolle über die Bewegung, die notwendig ist, um einen gewissen Zwang auf das Pferd auszuüben, erhält der Trainer (auch bei temperamentvollen und von sich aus laufenden Pferden) durch ständige Richtungswechsel (Abb. 54). Anfangs wird sich das Pferd beim Wenden nach außen, von Ihnen weg drehen. Im weiteren Verlauf des Trainings, wird es sich - vor allem gegen Ende zu - auch nach innen, auf Sie zu, abwenden, um die Richtung zu wechseln. Sobald es beim Wenden frontal zu Ihnen steht, müssen Sie sich auch sofort entspannen - schließlich befand sich das Tier ganz kurz in der erwünschten Position. Erst wenn sich das Pferd weiterdreht und in die entgegengesetzte Richtung weiterlaufen möchte, beginnen Sie wieder mit dem Treiben.

3. Früher oder später wird das Pferd, vielleicht zunächst in der Bewegung, oder auch stehend dem Trainer leicht seinen Kopf zuwenden. Achten Sie sorgfältig auf dieses Verhalten, auch wenn es lange dauern kann, denn es ist der Erste Schritt auf dem Weg hin zum erwünschten Verhalten: Das Tier war und sei es auch nur für eine Sekunde, auf den Trainer konzentriert und zeigt dies durch seine Kopfhaltung in Richtung Trainer an. Daher ist das Ziel des BT's, den „Kopf des Pferdes zu erhalten" und zwar in doppelter Hinsicht, psychisch und physisch. Das Pferd soll angeregt werden, über dieses ungewöhnliche und hektische Menschenverhalten nachzudenken: „Was will er damit erreichen?". Der kognitive Konflikt wird das Tier veranlassen, dem Trainer immer mehr Aufmerksamkeit zukommen zu lassen.

4. Als Belohnung für jede deutlich gezeigte Aufmerksamkeit, die nach und nach auch im Stehenbleiben und Kopfwenden

zum Trainer hin besteht, erhält das Tier einen lobenden, völlig entspannt und ruhig stehenden Trainer, der keine Anstalten mehr macht, es zur Bewegung aufzufordern. Eine Standposition im spitzen Winkel zum Menschen ermöglicht es dem Pferd jederzeit, sofort vom Trainer wegzulaufen, ohne mit einer Körperdrehung Zeit „auf der Flucht" zu verlieren. Noch ist das Band nicht fest geknüpft, aber es bahnt sich an! (Abb. 55)

55: BT 3. Schritt: FREIWILLIGES ZUWENDEN DES PFERDEKOPFES ZUM TRAINER.
Beobachten Sie das Pferd sorgfältig! Wenn es Ihnen den Kopf aktiv zuwendet, sollten Sie ihm sofort mit einer entspannten Körperhaltung signalisieren, dass seine Aufmerksamkeit und Konzentration auf Sie - auch wenn sie nur kurz ist - mit Ruhe belohnt wird.

5. Sobald das Pferd Anstalten macht, auch nur einen Augenblick lang in seiner direkten Aufmerksamkeit nachzulassen (z.B. wenn ein anderes Pferd vorbeigeführt wird und unser Schüler seinen Blick abwendet), setzt man es SOFORT (besser: kurz BEVOR die Aufmerksamkeit abgelenkt wird, aber das ist ein Erfahrungswert) wieder in Bewegung.

Je öfter diese Situation (Pferd zeigt sich aufmerksam - Ruhe. Pferd wird abgelenkt - Trainer lässt Pferd weiterlaufen) vorkommt, desto leichter ist es, dem Pferd unser Ziel klarzumachen. Je kürzer die Abstände zwischen erzwungener Bewegung und konzentrierter Aufmerksamkeit im Stand werden, desto öfter können wir dem Pferd auch vermitteln: „Sobald ich stehen bleibe und mich auf ihn konzentriere, lässt mich dieser Mensch in Ruhe!".

56: Gesteigerte Aufmerksamkeit durch deutliches Hinwenden des Kopfes. (Aber: Völlige Aufmerksamkeit zeigt das Pferd nur, wenn es frontal zum Trainer steht.)

6. Irgendwann (je nach Pferd verschieden!) wird das Tier immer häufiger stehen bleiben. Der Kopf ist dann im nächsten Schritt auch nicht mehr zum Trainer hin gedreht, sondern das Pferd steht frontal zum Ausbilder. Dies ist die gewünschte Endposi-

57: Sobald das Pferd ruhig und konzentriert steht, wird es sofort mit Lob belohnt.

Das Motivierende Beziehungstraining

58: BT 4. Schritt: WENDEN DER HINTERHAND BEI STEHENDER VORDERHAND.
Wenn das Pferd vor Ihnen steht, dann gehen Sie doch einmal um es herum. Es sollte sich immer aufs Neue in einer Art Vorderhandwendung frontal nach Ihnen ausrichten. Dies zeigt seine anhaltende Konzentration auf Sie.

59: BT 5 Schritt: VOLLE KONZENTRATION
Das Pferd ist nach einiger Übung mit dem BT aufmerksam und voll auf den Menschen konzentriert.

tion (Abb. 59). Ein Pferd ist (im Gegensatz zum hingedrehten Kopf, Abb. 56) in dieser frontalen Position sichtlich nicht willens, sich in eine andere Richtung als zum Trainer hin zu bewegen. Dies wird sofort mit möglichst viel Lob, d.h. mit intensivem Streicheln über den Kopf und Hals, belohnt (Abb. 57).

7. Das frontal und ruhig stehende Pferd soll, wenn es nicht von alleine kommt, zulassen, dass man auf es zugeht. Seine Stirn wird mit viel Lob intensiv gestreichelt. Das Pferd sollte keinerlei Angst zeigen und sich nicht bewegen. Loben Sie so oft wie möglich! Allerdings wird auch jetzt noch auf jedes Anzeichen von Konzentrationswechsel auf Umgebung usw. sofort Bewegung gefordert.

8. Der Wechsel zwischen Konzentration und Ablenkung wird beim Pferd, nicht zuletzt wegen des Versuches, Energie zu sparen, zur Aufmerksamkeit hin tendieren. Nach einer Weile sollte das stehende Pferd konzentriert vor dem Trainer stehen und sich, auch wenn der Trainer um das Pferd herumgeht in einer Art Vorderhandwendung immer konzentriert und frontal zu ihm aufstellen (Abb. 58). Auch wenn das Pferd einmal in eine andere Richtung sieht, dann bewegen Sie sich einfach nach links oder rechts. Wenn es Ihnen mit der Hinterhand folgt, dann haben Sie immer noch seine Aufmerksamkeit. Solange der Abstand nicht zu groß wird, läuft Ihnen das Pferd sogar ohne Halfter und Führstrick nach. Probieren Sie Volten, Zirkel, Richtungswechsel, Halten und Weiterlaufen: das Pferd bleibt bei Ihnen. Vergessen Sie nicht, es zu loben und zu streicheln!

9. Nach einiger Übung schenkt das Pferd nach dem BT dem Menschen so viel Vertrauen und Aufmerksamkeit, dass man es auch mit Anstrengungen und geschwungener Longe nicht mehr vertreiben kann. Es ist voll auf den Menschen konzentriert und bereit für jede Art von Arbeit. (Abb. 59).

Das Motivierende Beziehungstraining

10. Der Trainer kann nun das Pferd ohne Hilfsmittel wie Führstrick oder Halfter in jede beliebige Richtung dirigieren, es am ganzen Körper berühren (oder massieren), sowie Vorderhandwendungen durch bloßes Herumlaufen um das Pferd provozieren. Das Tier versucht immer wieder freiwillig, sich frontal zum Lehrer auszurichten, um Aufmerksamkeit zu signalisieren.

WICHTIGE REGELN FÜR DEN BT-AUSBILDER

- Provozieren Sie die Bewegung und Richtungswechsel (Schritt 1+2) aus Sicherheitsgründen immer mit einer Longe, nie mit Ihrem eigenen Körper und sorgen Sie dafür, dass das Pferd immer ca. zwei Pferdelängen Abstand hält!
- Gehen Sie das Training völlig ruhig an, so dass Sie die einzelnen Arbeitsschritte klar vor sich sehen und kontrollieren können.
- Sie sollten jederzeit wissen, in welchem Teil des BT's Sie sich gerade befinden.
- Erstreben Sie nach und nach einen Schritt nach dem anderen, je nachdem, mit welchem Aufmerksamkeitsgrad Ihr Pferd reagiert.
- Bleiben Sie flexibel genug, um notfalls das BT abzubrechen, wenn Sie sich Ihrer nicht mehr

ganz sicher sind und überlegen Sie sorgfältig, was Sie bisher erreicht haben.
- Zeit spielt keine Rolle! Alles was Sie wollen, sind die fünf Schritte, die Sie nach und nach an Ihr Ziel bringen.
- Verlieren Sie nicht die Geduld und die Kontrolle über sich und versuchen Sie, irgendwelchen Zwang auf das Pferd auszuüben. Alle bisher investierte Mühe des BT's wäre verloren. Das Pferd soll von alleine kommen und seine Aufmerksamkeit konstant bei Ihnen lassen! Setzen Sie die Arbeit lieber am nächsten Tag fort, spätestens nach 30 Minuten forcierter Bewegung, das schadet keinem Pferd! Notieren Sie den jeweiligen Stand der Reaktionen Ihres Schülers.
- Übung macht den Meister! Mit jedem Pferd, das Sie im BT arbeiten, wächst Ihre Erfahrung und es wird Ihnen immer leichter fallen, die einzelnen Stadien der Pferdereaktionen besser einzuordnen und entsprechend darauf zu reagieren. Sie wiederholen sich bei ALLEN Pferden, tauchen aber je nach Persönlichkeit zeitlich unterschiedlich auf! Wichtig ist, dass Sie sich Ihr Ziel vor Augen halten und Freude daran haben, es zu erreichen. Das erste Pferd, das Ihnen seine volle, unbedingte Aufmerksamkeit zuwendet, wird Sie bestärken, mit dem BT weiterzuarbeiten!

Das Motivierende Beziehungstraining

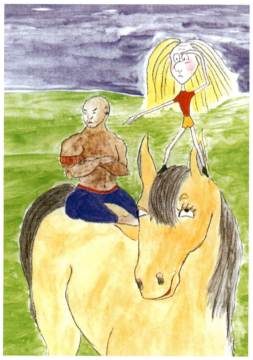

60: Mr. Instinkt und Mr. Muskel
Mister Instinkt kümmert sich vor allem um das Überleben des Pferdes und macht dabei keine Fehler. Allem Neuen begegnet er misstrauisch und es gehört so lange zur Kategorie „gefährlich", bis das Gegenteil bewiesen ist.
Mr. Muskel ist dafür verantwortlich, dass immer genug Energie zur Verfügung steht, um bei Gefahr zu fliehen. Er verabscheut es, Energie ohne ersichtlichen Grund zu verschwenden - schließlich könnte sie später bei einer tatsächlichen Gefahr fehlen.

Cartoon: Judith Bresser

Was ist passiert? Um Ihnen das möglichst anschaulich zu erklären, möchte ich Ihnen meine zwei Assistenten vorstellen: Mister Instinkt und Mister Muskel. Diese beiden Herrschaften sind nämlich maßgeblich an allen Entscheidungen beteiligt, die, wie beschrieben, vom Pferd getroffen worden.

Auch wenn es Ihnen jetzt etwas seltsam vorkommt - ein Dialog von Mr. Instinkt und Mr. Muskel während des BT´s wird Ihnen aufzeigen, was in einem Pferd vorgeht, das zunächst davonläuft, dann aber vertrauensvoll und aufmerksam dasteht und Ihnen überallhin freiwillig folgt.

5.3. MISTER INSTINKT & MISTER MUSKEL: DAS ÜBERLEBENSTEAM DES PFERDES

Mr. Muskel und Mr. Instinkt helfen jedem Pferd beim Überleben. Beide sorgen dafür, dass das Tier aufmerksam jede Gefahr meidet und jederzeit genügend Energie zur Verfügung hat, um vor einer Bedrohung zu fliehen.

Während der letzten Jahrmillionen der Evolution haben die beiden ihren Job so gut erledigt, dass sich das heutige Pferd im Verhältnis eigentlich nur noch wenig verändert hat. Es meisterte erfolgreich bessere und schlechtere Zeiten und das Überlebensteam Mr. Muskel & Mr. Instinkt entwickelten eine derart effiziente Art der Zusammenarbeit, dass Sie noch heute von unseren Pferden angewendet wird - wenn man sie nur lässt, denn unser Freund kommt schon als Fohlen in die übervorsichtige Obhut des Menschen, der dafür sorgt, dass sich das Pferde-Überlebensteam erst gar nicht bemühen muss, seine Fähigkeiten unter Beweis zu stellen. Wenn man einer Stute genügend Freiraum lässt, ihrem Fohlen verschiedene Dinge zu zeigen, dann hat der Mr. Instinkt des kleinen Pferdes weniger Veranlassung, misstrauisch zu sein, denn je mehr er kennt, desto weniger fürchtet er. Bei unseren wohlbehüteten Stallpferden sieht die Sache natürlich ganz anders aus!

Bitte lassen Sie nun Ihrer Phantasie freien Lauf, denn ich möchte Ihnen das Überlebensteam in Aktion vorstellen und Ihnen anhand eines Dialoges von Mr. Instinkt, Mr. Muskel und mir (oder Ihnen, wenn Sie das Beziehungstraining mit Ihrem Pferd nachvollziehen) das BT erläutern:

5.3.1.
DAS BEZIEHUNGSTRAINING: EIN DIALOG VON MR. MUSKEL UND MISTER INSTINKT

Wir treffen heute zum ersten Mal das Pferd „Rocky", das keineswegs zahm sein muss. Es steht momentan etwas unbeteiligt in einem Longierzirkel herum. Mit ihm wollen wir die fünf Schritte des BT´s praktizieren:

1) Bewegen Sie das Pferd
2) Häufige Richtungswechsel
3) Freiwilliges Zuwenden des Pferdekopfes zum Trainer
4) Frontale Zuwendung zum Trainer durch Wenden der Hinterhand bei stehender Vorderhand
5) Volle Konzentration des Pferdes

Ich gehe zunächst mit einer Longe in der Hand und einem Lächeln im Gesicht auf „Rocky" zu.

Mr. Instinkt ist nicht besonders beeindruckt, das Pferd ist nicht besonders beeindruckt. Mr. Instinkt registriert nur, dass ich mich nähere. Nachdem der erste Schritt beim BT besagt, dass ich das Pferd bewegen soll, werfe ich die Longe nach ihm. Jetzt beginnt unsere Geschichte in Form eines imaginären Gespräches:

BEWEGUNG

Mr. Instinkt:
Hey, Mr. Muskel, dieser komische Kerl da drüben hat gerade etwas nach uns geworfen! Ich kenne das nicht und bin sicher, dass es gefährlich ist und beißt! Lass Rocky schnell von hier verschwinden!
Mr. Muskel:
Kein Problem. Wir machen uns aus dem Staub.
Trainer:
„Rocky" rennt ganz gut vor mir davon!
Mr. Muskel:
Ha - wir schaffen es spielend, diesen Kerl auf Abstand zu halten! Rocky hat kein Halfter an

Das Motivierende Beziehungstraining

61: BEWEGUNG

und kann überallhin weglaufen. Jetzt bin ich auf der anderen Seite das Roundpens, kann etwas Energie sparen und langsamer werden.
Mr. Instinkt:
Pass auf, der Kerl kommt schon wieder auf uns zugerannt!
Mr. Muskel:
Das machen wir doch mit Links - wir geben einfach wieder Gas...
Mr. Instinkt:
Ich möchte wirklich, dass du den Typen auf Abstand hältst - das gefällt mir nicht, dass er immer wieder diese Longe nach uns wirft. Hier kommt er schon wieder, also halte uns in Bewegung! Ich weiß wirklich nicht, was der Kerl von uns will, aber eines ist klar: Wir werden dafür sorgen, dass er „Rocky" nichts tut!

Mr. Muskel:
Jedesmal wenn wir vom einen Ende des Roundpens zum anderen laufen, rennt er uns wieder nach. Ich werde dafür sorgen, dass „Rocky" um ihn herum galoppiert, dann können wir ihn vielleicht besser auf Abstand halten.
Trainer:
Ich wollte zunächst, dass sich das Pferd kontinuierlich bewegt. Es galoppiert auf dem Zirkel, schaut aber ständig weg. Es scheint sich zwar gerade etwas zu beruhigen, ist aber eigentlich nicht an mir interessiert! Ich werde jetzt den 2. Schritt angehen.

Das Motivierende Beziehungstraining

62: RICHTUNGSWECHSEL

RICHTUNGSWECHSEL

Mr. Instinkt:
Achtung, der schmeißt die Longe genau vor „Rocky"! Dreh schnell um!

Mr. Muskel:
Auf geht`s, „Rocky"- Andere Richtung, aber flott! Mr. Instinkt, weißt du, was das soll?

Mr. Instinkt:
Ist mir egal, aber wenn er das nochmal macht, dann rennen wir halt wieder in die andere Richtung, das schaffen wir schon.

Trainer:
„Rocky" reagiert sehr gut auf die Longe und ich muss wenigstens nicht die ganze Zeit hinter ihm herlaufen.

Mr. Instinkt:
Jetzt versperrt er uns schon erneut mit der Longe den Weg. Umdrehen! Halt
- da ist die Longe schon wieder - zurück!

Trainer:
„Rocky" hat die Richtungsänderungen schnell verstanden. Ich werde das jetzt solange machen, bis sich Mr. Muskel darüber aufregt!

Mr. Instinkt:
Mr. Muskel, pass auf! Links herum - HALT! Rechts - jetzt wieder links. Schneller!

Mr. Muskel:
Warte mal. Warum sollen wir denn ständig davonrennen? Das verbraucht viel zu viel Energie! Ich habe mir den Typen noch einmal angesehen und glaube nicht, dass wir in Gefahr sind.

Mr. Instinkt:
Ruhe! Ich mache meinen Job und du deinen. Kümmere dich gefälligst um die Bewegung, ich kümmere mich um die Sicherheit.

Mr. Muskel:
O.k. Du bist der Boss!

Das Motivierende Beziehungstraining

63: FREIWILLIGES ZUWENDEN DES PFERDEKOPFES

FREIWILLIGES ZUWENDEN DES PFERDEKOPFES ZUM TRAINER

Trainer:
„Rocky" beginnt schon etwas langsamer zu werden. Gerade hat das Pferd den Kopf bei einer Wendung nicht nach außen, sondern nach innen zu mir hin gedreht. Ich kann mich beim BT immer auf Mr. Muskel & Mr. Instinkt verlassen: die beiden scheinen gerade anzufangen, miteinander zu diskutieren.
Mr. Muskel:
Jetzt hör mal zu, Mr. Instinkt! Dieses ständige Hin und Her ist echt anstrengend und verbraucht einfach zu viel Kraft. Natürlich ist „Rocky" nicht erschöpft, aber ich bin dafür verantwortlich, dass das Pferd nicht grundlos Energie verschwendet. Hier ist keine wirkliche Gefahr. Ich bleibe jetzt stehen und schau mir den Kerl noch einmal genauer an.
Mr. Instinkt:
Nein! Ich trau ihm nicht! Weg von hier!
Mr. Muskel:
Nun hör mir doch mal zu! Das Ganze wird mir jetzt zu dumm. Ich bleibe stehen und seh, was passiert. Wenn er wieder ankommt, dann können wir ja immer noch fliehen. Was meinst du?
Mr. Instinkt:
Also meinetwegen, aber bleib weit genug weg!
Mr. Muskel:
„Rocky" - stehen bleiben! Schau dir genau an, was er tut!
Trainer:
Prima! „Rocky" bleibt stehen und schaut mich an - ich bin gespannt, wie lange er sich wohl interessiert zeigt!

Mr. Instinkt:

Sei vorsichtig - der Kerl starrt uns auch an und kommt wieder auf uns zu, renn weg!

Trainer:

Jetzt hatte ich einmal ganz deutlich den Kopf in meine Richtung gewendet. Wir sind auf dem richtigen Weg!

Nachdem der Kopf wieder vom Trainer weggewendet wurde, hat er „Rocky" erneut in Bewegung gesetzt und einige Male energisch einen Richtungswechsel gefordert. Schließlich bleibt „Rocky" wiederum stehen und schaut den Trainer an.

Mr. Muskel:

Du, ich glaube, dass wir uns keine Sorgen zu machen brauchen. Lassen wir ihn doch ruhig herkommen, wir haben immer noch genügend Möglichkeiten wegzulaufen.

Trainer:

Anscheinend hat das Überlebensteam beschlossen, dass ich etwas näher kommen darf!

Der Trainer geht auf „Rocky" zu und streichelt ihm beruhigend die Stirn.

Mr. Instinkt:

Du lieber Himmel, jetzt berührt er „Rocky" sogar!

Mr. Muskel:

Reg dich ab, wenn wir müssen, entkommen wir immer noch rechtzeitig. Mir gefällt diese Berührung!

Der Trainer intensiviert das Steicheln und reibt energisch die Stirn des Pferdes. Plötzlich läuft es wieder davon.

Mr. Instinkt:

Das war aber jetzt wirklich zu viel des Guten!

Mr. Muskel:

Ja, ja, du hast Recht, ich bin ja schon weg! Aber wenn ich ehrlich bin: So schlimm war`s nun auch wieder nicht. Ich halte an, warte ab, was passiert und wir lassen es ihn vielleicht noch mal machen.

Trainer:

„Rocky"- du hast jetzt eindeutig Schritt 3 vollendet und mir deinen Kopf zugewendet. Lass uns also zu Schritt 4 übergehen und uns um deine Hinterbeine kümmern!

FRONTALE ZUWENDUNG ZUM
TRAINER DURCH WENDEN DER
HINTERHAND BEI STEHENDER
VORDERHAND

Der Trainer geht um das Pferd herum. Der Kopf folgt ihm zunächst, dann läuft das Pferd davon.

Mr. Instinkt:

Das hast du gut gemacht, dass du davongelaufen bist, Mr. Muskel. Ich war mir auch nicht so ganz sicher, warum der Kerl jetzt um „Rocky" herumgelaufen ist.

In den nächsten Minuten bleibt „Rocky" immer wieder stehen, wendet dem Trainer den Kopf zu, läuft aber immer wieder weg,

Das Motivierende Beziehungstraining

64: WENDUNG DER HINTERHAND BEI STEHENDER VORDERHAND

wenn er versucht um das Pferd herumzulaufen. Nach einer Weile wird Mr. Muskel wieder ungehalten:

Mr. Muskel:
Was regen wir uns eigentlich so auf? Es gibt doch keinen Grund zur Besorgnis! Der Kerl reibt höchstens „Rockys" Stirn, da ist doch nichts dabei! Ich werde „Rocky" jetzt so herumdrehen, dass er diesem Menschen frontal gegenübersteht. Wenn er sich bewegt, dann folgen wir ihm einfach mit dem ganzen Körper und behalten ihn auf diese Weise vollständig im Auge. Was meinst du?

Mr. Instinkt:
Keine schlechte Idee. Dann schenken wir ihm zwar eine Menge Aufmerksamkeit, aber dieses Reiben am Kopf war so schön...

Trainer:
Ich glaube, dass hier gleich eine Menge passieren wird!

Wenn der Trainer jetzt um das Pferd herumgeht, richtet es sich mit einer Art Vorderhandwendung immer frontal zu ihm aus und sieht ihn an.

Trainer:
„Rocky" ist ein guter Schüler! Ich habe Kontrolle über seine Hinterbeine, Schritt 4 ist damit vollendet. Schritt 5, die volle Konzentration auf mich und meine Anliegen müssen wir als nächstes angehen.

Das Motivierende Beziehungstraining

65: VOLLE KONZENTRATION

VOLLE KONZENTRATION UND AUFMERKSAMKEIT

Nach einiger Übung kann der Trainer links oder rechts in verschiedenem Tempo um „Rocky" herumgehen oder -laufen, das Pferd lässt ihn nicht mehr aus den Augen und ist voll auf den Menschen konzentriert.

Trainer:
„Rocky" muss nun beweisen, dass er auch ruhig und konzentriert bleibt, wenn ich ihn ein bisschen unter Stress setze.

Der Trainer stellt sich direkt vor das Pferd und fängt plötzlich an, wild mit beiden Armen seitlich an „Rockys" Kopf auf- und abzuwedeln. Das Tier rennt davon.

Mr. Instinkt:
Da sieht man`s wieder mal - man kann doch niemandem trauen. Gerade hat der Kerl versucht uns umzubringen!
Mr. Muskel:
Ich glaube, jetzt übertreibst du aber wirklich! Er hat doch nur seine Arme bewegt! Ich gehe zurück und sehe mal, ob er uns wieder den Kopf reibt...
Trainer:
Ich denke, „Rocky" ist ein bisschen kopfscheu. Ich werde so lange weitermachen, bis sich Mr. Instinkt beruhigt.
Mr. Instinkt:
Mr. Muskel - lauf los, der Kerl wedelt schon wieder mit seinen Armen herum!
Mr. Muskel:
Nein, ich bleibe hier. Ich kann ja den Kopf hochheben und ausweichen.

Das Motivierende Beziehungstraining

66: Aus Sicherheitsgründen verwenden Sie bitte immer eine Longe oder einen langen Führstrick, um Bewegung oder Richtungsänderungen zu bewirken.

67: Nur mit Hilfe der Longe können Sie das Pferd in Geschwindigkeit und Richtung kontrollieren und gleichzeitig den nötigen Sicherheitsabstand wahren, denn viele Pferde schlagen nicht nur aus Übermut aus, wenn sie sich völlig frei um den Trainer herum bewegen können (und für das BT auch sollen).

Der Trainer arbeitet weiter mit seinen Armen, während „Rocky" im selben Rhythmus den Kopf nach oben wirft um der vermeintlichen Gefahr auszuweichen. Plötzlich hört das Pferd damit auf, steht völlig entspannt vor dem immer noch wild gestikulierenden Trainer und beginnt zu kauen. Hier soll unsere Geschichte zunächst enden.

5.4. AUSRÜSTUNG UND SICHERHEIT

Wenn Ihnen jemand ein System für Pferde vorstellt, dann sollte dieses jederzeit erfolgreich an jedem Individuum anwendbar sein und die „Experten" jederzeit Ihre Fragen - vor allem bezüglich der Sicherheit - beantworten können. Achten Sie sorgfältig darauf, denn meistens sind die Leute, die Ihnen die alten Ideen neu präsentieren, zwar sorgfältig

Das Motivierende Beziehungstraining

darauf bedacht, sie zu vermitteln, vergessen aber im Eifer des Gefechts durchaus einmal den wichtigsten Aspekt: Die Sicherheit.

Also zunächst einige Grundregeln:

1. Zunächst einmal benötigen Sie für das BT einen Roundpen von 15 bis 20 m Durchmesser. Ein Paddock oder eine abgeteilte Halle von mindestens 20 x 20 m wäre auch vorstellbar.

2. Ein langer Strick oder eine Longe sind zum Bewegen besser geeignet als eine Peitsche, denn mit dem gewöhnlichen „verlängerten Arm" des Pferdemenschen verbreiten Sie lange nicht so viel Hektik (die bei Aufmerksamkeit sofort durch Ruhe ausgetauscht wird), als wenn Sie führstrickschwingend die Bewegung fordern (Abb. 66).

3. Bleiben Sie mindestens eineinhalb bis zwei Pferdelängen vom Pferd entfernt. Selbst ganz ruhige Tiere lassen sich zu Bocksprüngen hinreißen, wenn sie völlig frei mit etwas Druck dahinter bewegt werden (Abb. 67).

4. Nähern Sie sich dem stehenden Pferd nur, wenn sein Kopf auch zu Ihnen zeigt.

> Es gibt keine schwierigen Pferde, nur solche, die missverstanden werden!

Jedes Pferd, mit dem ich bisher das BT durchgeführt habe, hat mir während der Arbeit immer wieder irgendwie zu verstehen gegeben, wenn es nicht mehr mitspielen wollte.

Dazu ein kleines Beispiel: Ein Pferd, das seit 20 Jahren bei der Hippotherapie eingesetzt wurde, hatte größere Muskelprobleme. Wie gewohnt ging ich daran, das Pferd vor der Behandlung mit dem PS psychisch mit dem BT zu entspannen. Die Eigentümerin versicherte mir, dass es das netteste Pferd sei, das sie kenne und dass ich mir überhaupt keine Sorgen während der Behandlung mit dem PS machen müsse. Beim BT seien aufgrund des Charakters des Pferdes schon gar keine Probleme zu erwarten. Die ersten Runden gingen so lange gut, bis ich ein bisschen mehr Tempo verlangte. Das brave Pferd explodierte förmlich, schlug um sich und griff mich schließlich an. Die Besitzerin traute ihren Augen nicht. All die Jahre hindurch hatte das Pferd zwar schon immer durchblicken lassen, dass es durchaus seinen eigenen Willen hatte, es fügte sich aber regelmäßig und verrichtete zuverlässig seine Arbeit. Es dauerte ziemlich lange, bis wir alle fünf Schritte klar vor uns hatten, aber danach war das Pferd umso aufmerksamer.

Ich habe das BT an wilden Pferden, sogenannten gefährlichen Pferden (die ich nur als missverstandene sehe) und sogar an Zebras ausprobiert, die sich bei weitem als die schwierigsten Einhufer erwiesen. Die Bandbreite der Reaktionen war groß, aber am Ende hat Mr. Instinkt immer eingesehen, dass von mir keine Gefahr ausgeht.

Das Motivierende Beziehungstraining

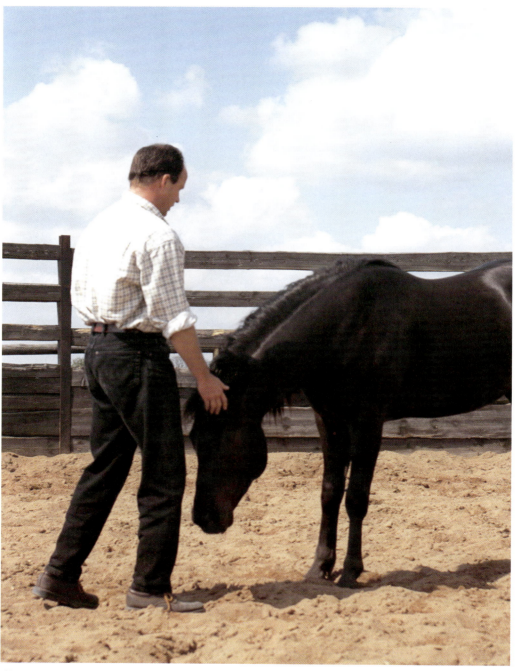

68: Psychisch völlig entspannte und zufriedene Pferde sind das Resultat des BT`s. Dies ist der gleiche Rappe wie in Abb. 67, aber diese Aufnahme entstand nach der Durchführung des BT`s!

5.5. AUSFÜHRLICHERE TIPPS FÜR DAS BT

Wenn wir verstehen, warum ein Pferd bestimmte Reaktionen zeigt, wird es leichter, das Tier mit Methoden zu trainieren, die speziell auf Pferde zugeschnitten sind und damit auch zum gewünschten Ergebnis führen. Dabei dürfen wir uns aber nicht von einer Zeitvorgabe unter Druck setzen lassen. Geschwindigkeit alleine garantiert noch lange nicht ein positives Ergebnis. Viel besser funktioniert da eine geeignete Motivation des Schülers, die Rücksicht auf das jeweilige Lerntempo nimmt. Manche Pferde zeigen die fünf Schritte des BT`s in fünf Minuten, andere brauchen dazu fünf Tage. Sportpferde reagieren z.B. in aller Regel besonders gut, weil sie täglich im Training stehen und gewohnt sind (oder sein sollten...), auf den Menschen zu achten. Es gibt aber auch Pferde, die einfach „durch Menschen hindurchsehen" und sich nur auf Artgenossen konzentrieren. Gerade bei diesen Tieren wirkt das BT Wunder!

69: Es gibt keine schwierigen Pferde, sondern nur missverstandene! Sie können das BT immer dann anwenden, wenn irgendwelche Probleme im Umgang mit einem Pferd auftauchen.

Sie brauchen, um den einen oder anderen Schritt mit Ihrem Pferd nachzuvollziehen. Machen Sie einfach am nächsten Tag oder in der nächsten Woche dort weiter, wo Sie aufgehört haben. Der Lernprozess ist abhängig von Schüler und Lehrer. Solange wir die Schritte im Kopf haben und sie auch erkennen, können wir sie auch mit jedem Pferd nachvollziehen. Selbst wenn Sie 10 Pferde nacheinander in je zwei Stunden voll durch das BT geführt haben, kann das nächste Tier Schritt 2 durchaus erst nach zwei Tagen erreichen!

> Beim Training darf Zeit keine Rolle spielen. Lernen funktioniert nicht unter Druck!

Zeit darf für Sie keine Rolle spielen. Setzen Sie sich zunächst lieber kleine, realistische Tagesziele. Ob 30 Minuten oder eine Stunde - das ist egal, Hauptsache Sie fühlen sich wohl damit. Es ist unwichtig, wie lange

> Seien Sie geduldig! Wir wollen eine freiwillige Entscheidung des Pferdes hin zum Menschen.

Das Motivierende Beziehungstraining

In meinen Kursen arbeite ich mit Pferden, die ich zum ersten Mal sehe. Natürlich habe ich wesentlich mehr Erfahrung als jeder meiner Kursteilnehmer und komme so auch schneller zu Ergebnissen. Gewöhnlich setze ich am ersten Tag für das BT eineinhalb Stunden an. Wenn das Pferd nach der festgesetzten Zeit z.B. nur bis Schritt 3 gekommen ist, breche ich ab, lasse ein neues Pferd kommen und setze nochmals eineinhalb Stunden an. Bisher musste ich nur äußerst selten am nächsten Tag eine weitere Ergänzung der Demonstration durchführen. Was ich damit sagen will ist, dass Sie sich niemals durch Ihren Ehrgeiz dazu hinreißen lassen dürfen zu versuchen, das Pferd irgendwie zu den einzelnen Schritten in einer bestimmten Zeit zu zwingen. Das Ziel des BT ist allein die freie Entscheidung des Pferdes, sich dem Menschen aufmerksam aber entspannt zuzuwenden. Wenn Sie das BT sorgfältig Schritt für Schritt durchgehen, egal wie lange es bei Ihrem Pferd dauert, dann wird es auch klappen!

> Mit einer positiven Einstellung und Ausstrahlung kommen Sie besser zum Ziel!

Bemühen Sie sich um eine positive Einstellung zum Training. Dies ist der Schlüssel zum Erfolg! Mit einer negativen, unsicheren Ausstrahlung haben Sie es schwer, auf ein ebenfalls unsicheres, vielleicht sogar ängstliches Pferd einzuwirken. Unser Konzept beruht auf Bewegung und damit haben wir schon die Trümpfe in der Hand, denn Sie wissen genau wie ich, dass es einfacher ist, ein Pferd zu bewegen, als es still zu halten. Darin liegt auch die positive Motivation des Pferdes: Wenn es will, kann es laufen. Stehen bleiben wird es nur aus eigener freier Entscheidung.

Das Überlebensteam „Mr. Instinkt und Mr. Muskel" arbeitet aber bei BT zu unseren Gunsten: Nach wie vor versucht „Mr. Muskel" so viel Energie wie möglich zu sparen und überflüssige Bewegungen zu vermeiden - auch wenn Mr. Instinkt zunächst daran interessiert ist, vor uns zu flüchten.

> Seien Sie selbst entspannt, offen und aufmerksam! Erkennen Sie an der Mimik des Pferdes, in welchem Stadium es sich gerade befindet!

Nach meiner Erfahrung haben nur die Pferdebesitzer Probleme, das BT erfolgreich durchzuführen, die sich zu sehr unter Druck setzen und dadurch hektisch werden. Dabei wollen wir doch unsere Freizeit entspannt und mit Freude bei unseren Pferden verbringen. Also fragen Sie sich ernsthaft, bevor Sie mit dem BT beginnen: „Bin ich heute in der Stimmung um das BT durchzuführen? Stehe ich nicht unter Zeitdruck?" usw. Nur wenn Sie offen für die Reaktionen Ihres Pferdes sind und nicht ungeduldig darauf warten, können Sie das BT unbefangen und damit auch erfolgreich durchführen.

Denken Sie daran: Nicht Sie entscheiden, wann die einzelnen Schritte erfolgen, sondern Mr. Instinkt und Mr. Muskel, das Überlebensteam bestimmt das Verhalten Ihres Pferdes!

> Ungewöhnlich aber durchaus effektiv: Mentale Vorbereitung für das BT.

Sie haben bisher in diesem Buch schon viele ungewöhnliche Dinge von mir vorgeschlagen bekommen und ich habe lange gezögert, ob ich Ihnen die folgende Methode nicht lieber vorenthalten sollte. Als Ihr Berater und Trainer für den „heißen Draht zum Pferd" möchte ich Sie aber dennoch bitten, das mentale Training zumindest einmal zu versuchen!

Mentales Training ist mittlerweile in allen Leistungssportarten etabliert und findet auch im Pferdesport immer mehr Anhänger. So versuchen viele Spitzenreiter, sich jeweils vor einem Ritt mehrfach vorzustellen, wie sie die geforderten Aufgaben erfolgreich bewältigen. Sie lassen z.B. den Parcours oder die jeweilige Aufgabe immer wieder wie einen Film vor ihrem geistigen Auge ablaufen und nehmen z.B. in Gedanken jedes Hindernis fehlerlos. Natürlich klappt das dann nicht immer genauso in der Realität, aber sie haben sich durch diese zusätzliche Vorbereitung zumindest mental in eine zuversichtliche Stimmung versetzt und diese fördert wiederum bessere Leistungen.

Also: Atmen Sie tief durch, lächeln Sie ruhig, denn das versetzt Sie wiederum in eine positive Stimmung, und stellen Sie sich vor, dass Sie mit Ihrem Pferd im Roundpen, Longierzirkel oder in einem abgeteilten Stück Ihrer Reithalle oder Koppel sind. Sie beginnen mit dem BT. Zunächst setzen Sie Ihr Pferd in Bewegung. Veranlassen Sie es, die Richtung möglichst oft zu wechseln. Das geht eine Weile so. Dann sehen Sie plötzlich, wie Ihr Pferd Ihnen kurz den Kopf zuwendet usw... . Gehen Sie das ganze Training im Geiste durch, visualisieren Sie Ihr Pferd, wie es die einzelnen Schritte durchläuft, bis es am Ende aufmerksam frontal vor Ihnen steht. Lassen Sie diesen inneren Film so oft ablaufen, bis Sie den Erfolg fühlen und in Gedanken das Pferd fast berühren können. Vergessen Sie nicht, dabei zu lächeln - ehrlich, das gehört dazu!

6. ZUSÄTZLICHE INFORMATIONEN UND GYMNASTIK FÜR DAS PFERD

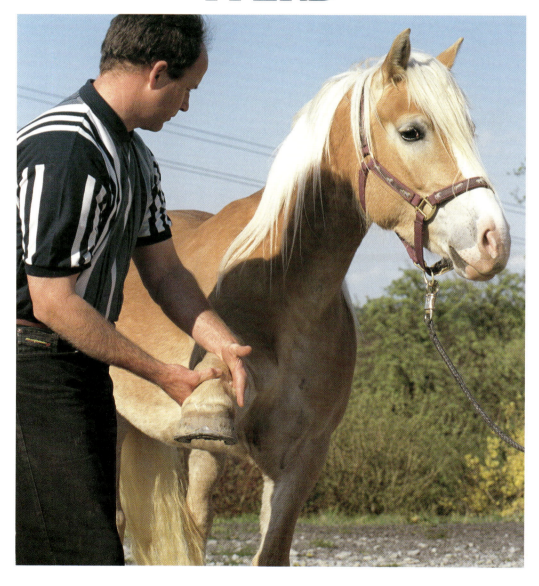

Wenn Ihr Pferd Probleme mit Verspannungen hat, dann können Sie mit dem PS schon viel erreichen. In den Kapiteln über das BT versuchte ich Ihnen zu zeigen, dass ein psychisch entspanntes Pferd bereits viel weniger anfällig für Verspannungen ist. Die folgenden Kapitel schlagen Ihnen weitere Möglichkeiten vor, das Risiko von Verspannungen für Ihr Pferd weiter zu reduzieren. Manche Übungen, wie z.B. das Stretching können Sie in die tägliche Putzroutine einbauen und spielerisch mit Ihrem Pferd verwirklichen. Andere wie die Hanglaufübung sind sehr zeitaufwendig, sie hilft aber gerade bei speziellen Problemen. Ich möchte Ihnen helfen, möglichst viele Dinge zu beachten, denn alles, was Sie für oder mit Ihrem Pferd anstellen, beeinflusst es in irgendeiner Weise und oft sind es Kleinigkeiten, die man übersieht, die aber große Auswirkungen haben.

So sollte ich ein ehemals schwerst verunglücktes Pferd behandeln, das mit viel Liebe und Fürsorge innerhalb von zwei Jahren wieder auf die Beine gestellt wurde. Sein Besitzer arbeitete bereits mit dem Druckpunktsystem, sorgte für gutes Aufwärmen und Abkühlen beim Training und tat alles Erdenkliche für das Tier. Er konnte aber nicht verhindern, dass das Tier seit einiger Zeit bereits nach leichter Arbeit mehrere Tage steif war. Tierärzte vermuteten Rheuma, Arthritis oder Spätfolgen des Unfalls. Ich untersuchte das Pferd, konnte aber nichts finden. Tagelang bemühte ich mich, dachte nach und kam zu keinem Ergebnis. Alles schien perfekt. Einmal jedoch stand ich besonders früh auf und entdeckte zufällig,

dass ein neuer Pfleger dem Pferd unbemerkt die dreifache Menge Kraftfutter gab, um ihm „besser auf die Beine zu helfen". Wir veränderten das Futter und der Zustand des Pferdes besserte sich auf der Stelle. Also achten Sie auch auf die kleinen, scheinbar nebensächlichen Dinge, wenn es ein Problem gibt und versuchen Sie wirklich alles zu berücksichtigen.

6.1. AUFWÄRMEN IN VERBINDUNG MIT DEM PS

Auf das Aufwärmen des Pferdes legen eigentlich alle verantwortungsvollen Reiter größten Wert. Warum wohl? Wir wollen, dass die Muskeln durch leichte Arbeit zunächst einmal gelockert werden, bevor wir sie stärker beanspruchen. Nehmen wir als Beispiel einen Dressurreiter: Er strebt nach besonders fließenden Bewegungen. Dies funktioniert jedoch nicht, wenn das Pferd nicht genügend aufgewärmt wurde. Erst nach einer gewissen Zeit erreicht das Pferd einen Punkt, ab dem seine Bewegungsabläufe geschmeidiger werden. Der sensible Reiter fühlt natürlich diese Veränderung und weiß, dass er nun mit der eigentlichen Arbeit beginnen kann. Dies gilt natürlich auch für alle anderen Sparten der Reiterei und ist sicher nichts Neues für Sie.

Was passiert genau, wenn wir ein Pferd über einen gewissen Zeitraum hinweg vorsichtig bewegen? Die Muskeln strecken und entspannen sich während der Bewegung. Positive Stimulantien gelangen in den Kör-

Gymnastik für das Pferd

70: Selbst während des Freilaufens auf der Koppel besteht bei extremen Bewegungen des Pferdes eine gewisse Verletzungsgefahr. Mit dem PS können Sie das Pferd bereits in der Box aufwärmen, wie Sie deutlich anhand der Thermografieaufnahmen von Abb. 9 und 10 erkennen können.

per. Herztätigkeit und Blutzirkulation werden angeregt, bis der Organismus nach 15 bis 20 Minuten mit elastischen Sehnen und Muskeln seine optimalen „Betriebsmöglichkeiten" erreicht hat. Leider kann die Bewegung, wie wir schon früher gehört haben, größere Verspannungen nicht lösen.

Und bei der Anwendung des PS? Durch unseren Fingerdruck werden ebenfalls Stimulantien ausgeschüttet und die Durchblutung angeregt - genauso, als wenn wir ein Pferd warmreiten! Dies wurde durch computergesteuerte Wärmebilder des Pferdekörpers eindeutig nachgewiesen. Mit dem PS kann man schon vor dem Reiten Verspannungen aufspüren und behandeln. Damit ergänzt es ideal das Warmreiten, bereitet den Organismus optimal auf eine Leistungsanforderung vor und Sie können sicher sein, dass Ihr Pferd durch keine Verspannung daran gehindert wird, seine volle Leistungsfähigkeit zu entfalten.

71: Leider geben nur wenige Reiter dem Pferd nach der Arbeit genügend Zeit zum langsamen Abkühlen. 15 Minuten sollten das absolute Minimum sein.

6.2. WICHTIG UND OFT VERGESSEN: DAS ABKÜHLEN

Wie viel wissen Sie eigentlich über das „Abkühlen" nach dem Reiten? Unbedingter Bestandteil eines jeden sportlichen Leistungstrainings beschränkt es sich beim Reiten nicht selten auf eine Runde Schritt reiten

- wenn überhaupt! Es verblüfft mich immer wieder, wie wenig über diese wichtige Phase bekannt ist, die vielleicht eine größere Rolle beim Vorbeugen und Verhindern von Verletzungen spielen kann, als das Aufwärmen. Allerdings ist es im Gegensatz zum Aufwärmen wesentlich schwieriger zu beurteilen, ob ein Pferd genügend abgekühlt wurde. Eine angemessene Abkühl-Zeit ist abhängig von vielen Faktoren: Ist es sehr heiß oder sehr kalt? In welcher Kondition befindet sich das Pferd? Hatte es erst kürzlich eine größere Verletzung usw.?

Nach der Arbeit sind die Muskeln müde, eventuell wurden Stoffwechselprodukte in ihnen abgelagert. Bewegen Sie daher das Pferd langsam mindestens 10 Minuten, um Ihre Arbeit ausklingen zu lassen. Geben Sie dem Organismus die Möglichkeit, sich langsam wieder an die Außentemperatur anzupassen, lassen Sie der Blutzirkulation Zeit, die Stoffwechselabfälle aus den Muskeln abzutransportieren. Dann können sie nicht mehr so leicht verspannen. Wenn das Pferd stark geschwitzt hat, dann überprüfen Sie regelmäßig das Fell. Erst wenn der Schweiß zumindest angetrocknet ist, können Sie das Abkühlen beenden.

Wenn es kalt ist und Sie sich fragen, ob das Pferd genügend abgekühlt wurde, dann fassen Sie wie auf Abb. 72 gezeigt an das Ohr. Dort fühlen Sie sehr gut, welche Temperatur das Pferd hat. Es ist aber nicht so einfach, mit einem nassgeschwitzten Pferd langsam herumzureiten, bis es trocken ist. Für das Pferd wird es wesentlich angenehmer, wenn Sie sein Fell etwas aufbürsten. Danach bewegen Sie das Pferd weiter. Nach ein paar Minuten wird sich das Fell glattlegen. Bürsten Sie es einfach wieder auf. Mit Hilfe der Luftpolster zwischen den Haaren bleibt das Pferd während des langsamen Abkühlens auch bei niedrigen Temperaturen warm.

Warum können wir nach dem Reiten nicht einfach eine Decke über das Pferd werfen? Sicher gibt es moderne Decken, die den Schweiß nach außen weitertransportieren, so dass das Pferd schneller trocknet, schließlich macht das doch jeder, oder? Solange Sie das Pferd dabei bewegen ist alles in Ordnung. Den Muskeln hilft es aber nicht, wenn Sie das Pferd mit Decke angebunden abschwitzen lassen und bald werden sich Verspannungen einstellen.

72: Mit diesem Griff am Ohr können Sie die Temperatur Ihres Pferdes sehr gut erfühlen und abschätzen. Besonders im Winter kann das sehr nützlich sein.

6.3. ÜBUNGEN ZUM MUSKELAUFBAU

Gymnastikübungen, die einen guten Muskelaufbau fördern sowie Verspannungen vorbeugen, sind ein weiterer Bestandteil unseres „heißen Drahtes zum Pferd". Obwohl das BT über die psychische Entspannung die Grundlage zum PS legt, so benötigt man doch ein regelmäßiges Muskelaufbautraining, damit das Lösen der Verspannungen auch den durchschlagenden Erfolg hat, den ich Ihnen seit Beginn des Buches vermitteln möchte.

73: Hier sehen Sie ein Pferd von oben. Die Beinpaare des Pferdes arbeiten jeweils diagonal zusammen, also die linke Vorderhand mit der rechten Hinterhand und umgekehrt. Bei Verspannungen der linken Vorderhand muss demnach die rechte Hinterhand auch mehr arbeiten und wird ebenfalls anfällig für Verspannungen. Dies ist bei gezieltem Muskelaufbau zu berücksichtigen.

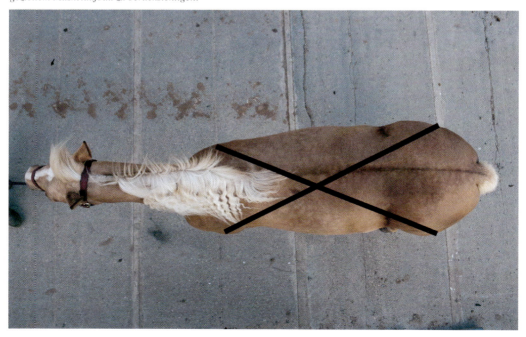

Gymnastik für das Pferd

Auch wenn Sie mit dem PS Verspannungen beseitigt haben, so ist es doch enorm wichtig, dass die ehemals verspannten Partien wieder harmonisch mit den übrigen zusammenarbeiten. Daher möchte ich Ihnen nun eine Übung vorstellen, mit der Sie gezielt spezielle Partien des Pferdekörpers auch seitenbezogen wieder aufbauen können.

Lassen Sie mich noch einmal den Zusammenhang zwischen den Körperregionen des Pferdes in der Bewegung wiederholen: Die Beinpaare des Pferdes arbeiten jeweils diagonal zusammen, also die linke Vorderhand mit der rechten Hinterhand und umgekehrt. Bei Verspannungen der linken Vorderhand muss demnach die rechte Hinterhand auch mehr arbeiten und wird ebenfalls anfällig für Verspannungen (erinnern Sie sich noch an das Spinnennetz, nach dem alle Muskeln zusammenhängen und ein einzelner verspannter Muskel alle anderen zunächst noch gesunden in Mitleidenschaft zieht?).

Die meisten Probleme haben ihren Ursprung in den Muskeln, die uns beim Testen die heftigste Reaktion zeigen, weil sie am längsten unter Verspannungen leiden.

Kommen wir zu unserer Übung: Wir brauchen eine kontinuierliche Bewegung, mit der bestimmte, ehemals durch Verspannungen in ihrer Funktion eingeschränkte und daher etwas schwächer entwickelte Partien des Pferdes besonders beansprucht werden, ohne dass andere dadurch in Mitleidenschaft gezogen werden. Nach verschiedenen Versuchen erwies sich die Arbeit an einem Hang als die effektivste und sicherste. Wenn er

etwas steil sein sollte - umso besser. Diese Übung ist sehr aufwendig und anstrengend, sowohl für Sie als auch für das Pferd, aber Sie können sie ja so oft durchführen, wie Sie Lust dazu haben, wenig Übung ist immer besser als gar keine! Ich schlage Ihnen aber vor, es zumindest drei Mal wöchentlich zu versuchen und rund drei bis vier Monate durchzuhalten. Es ist übrigens auch eine gute Möglichkeit, ein Pferd möglichst schonend nach der Winterpause wieder auf die kommende Saison vorzubereiten.

Ich erkläre die Übung zunächst für ein Pferd, das besonders auffällige Reaktionen in der linken Hinter- oder in der rechten Vorderhand zeigte. Für die rechte Hinter- und dazu passend die linke Vorderhand müssen Sie einfach die Übung von der anderen Seite beginnen. Warum, das sehen Sie gleich, aber insgesamt ist es natürlich am besten, beide Seiten gleichmäßig zu trainieren: Wie in Abb. 74 gezeigt, nehmen wir unser Pferd an Halfter und Führstrick und laufen mit ihm möglichst langsam diagonal von rechts unten nach links oben einen Hang hinauf.

Gymnastik für das Pferd

74: Dieses Pferd wird sechs Mal diagonal von rechts unten nach links oben und wieder zurück einen Hügel hinauf- und hinuntergeführt. Dabei werden am meisten die linke Hinterhand und die rechte Vorderhand trainiert, denn dort zeigten sich die größten Probleme. Nachdem die bessere Seite die Probleme ebenfalls ausgleichen musste, trainieren Sie auch die weniger auffälligere Seite, aber von links unten nach rechts oben und zurück. Dies wiederholen Sie aber nur vier Mal.

75: Wenn das Pferd sich die Arbeit vereinfachen will und sich geradeaus zum Hang dreht, dann nehmen Sie eine Touchiergerte, um es auf der Diagonalen zu halten.

76: Hier sehen Sie das Hinunterführen. Wenn Sie nach sechs bis acht Wochen bemerken, dass sich die Muskelgruppen an den beiden Seiten einander angleichen, dann arbeiten Sie noch zwei Wochen mit dem bei Abb. 74 beschriebenen 6/4-Verhältnis und gehen dann zu 5/5 über.

Beim Reiten sollte man Hänge aus Sicherheitsgründen und zur gleichmäßigen Belastung der Hinterhand immer möglichst senkrecht hinauf- und hinunterreiten, daher führen Sie bitte das Pferd! Eine langsame Bewegung ist zum einen sicherer und kostet die Muskeln zum anderen mehr Kraft. Übrigens darf man dabei nicht außer Acht lassen, dass Sie sich bei dieser Übung auch eine gehörige Portion Muskelkraft antrainieren werden....

Die linke Hinterhand muss beim Antritt ca. dreiviertel des Gewichts tragen und schieben. Natürlich spürt das Pferd diese einseitige Belastung und wird vermutlich versuchen, sich vertikal zum Hang zu drehen, um mit gleichseitiger Belastung der Hinterbeine gerade hinaufzugehen (Mr. Muskel möchte Energie sparen!). Nehmen Sie zu diesem Zweck am Anfang eine Gerte, ähnlich wie zur Bodenarbeit mit auf den Weg und halten Sie das Pferd damit auf der Diagonalen (Abb. 75). Wenn Sie die Muskeln Ihres Pferdes eine Weile mit dieser Übung gestärkt haben, dann wird sich dieses Verhalten verlieren. Oben angekommen drehen Sie um, gehen denselben Weg wieder diagonal von links oben nach rechts unten und belasten dabei diesmal die rechte Vorderhand wiederum mit rund dreiviertel des Gewichts (Abb. 76). Nach ein paar Wochen werden Sie merken, dass sowohl Ihnen als auch dem Pferd diese Anstrengung wesentlich leichter fällt. Dann können Sie auch in Ihren regelmäßigen Checks der acht Regionen die Reaktionen des Pferdes mit denen Ihrer Aufzeichnungen vor einigen Wochen vergleichen.

Bei den in den Abbildungen 74 und 76 erwähnten sechs Wiederholungen lege ich eine Hangstrecke von ca. 100 m zugrunde. Einmal rauf und runter wären dann rund 200 m, die ich als EINE WIEDERHOLUNG verstehe. Wenn Ihr Hügel etwas kürzer ist, dann erhöhen Sie einfach die Zahl der Wiederholungen, bei zunehmender Geschicklichkeit der schwächeren Seite können Sie dort die Anzahl der Übungen von Woche zu Woche um jeweils eine vermindern und auf beiden Seiten angleichen. Beginnen Sie jeweils mit der stärkeren Seite!
Wenn Sie sich nicht sicher sind, welche Region oder Seite des Pferdes nun mehr Verspannungen aufzeigt, dann trainieren Sie einfach beide Seiten je fünf Mal.
Wenn Ihnen dabei auffällt, dass eine Seite beim Hinauf- oder Hinabgehen schwächer ist, dann greifen Sie auf das 6/4- Schema zurück.

Nach der Übung können Sie sofort Ihr normales Training aufnehmen. Anfangs wird das Pferd natürlich etwas ermüdet sein, aber wenn Sie das PS und die Übung regelmäßig anwenden, werden Sie schon nach wenigen Wochen eine deutliche Steigerung des Wohlbefindens und der Leistungsfähigkeit Ihres Pferdes bemerken.

Gymnastik für das Pferd

77: VORDERBEIN KREUZEN
Kreuzen Sie ein Vorderbein vor das stehende. Ziehen Sie das Knie vorsichtig nach vorne und halten Sie diese Position für 10 Sekunden. Sie können das Bein als ergänzende Übung durchaus auch hinter dem stehenden Bein kreuzen.

6.4. STRETCHING: SINNVOLLE GYMNASTIK FÜR DAS PFERD

Haben Sie schon einmal eine Katze dabei beobachtet, wenn sie aufwacht und sich genüsslich in alle Richtungen streckt? Jahrelang behandle ich nun Pferde und hin und wieder auch einen Hund, aber noch nie bat mich jemand, eine Katze auf Verspannungen hin zu untersuchen. Diese Tiere betreiben jeden Tag ein eigenes Stretching-Programm, bleiben geschmeidig und leiden auch nur sehr selten unter Verspannungen.

Wir haben bereits über Ödeme gesprochen. Diese Körperflüssigkeit verdickt sich nach vier bis fünf Monaten, wenn sie nicht aus dem Gewebe herausgespült wird. Die Bewegungsfreiheit der Muskel-Sehnen-Einheit wird eingeschränkt, Verspannungen begünstigt und das verspüren wir wiederum bei der Arbeit unter dem Sattel durch eingeschränkte Beweglichkeit des Pferdes. Es ist durchaus möglich, Ödeme durch Stretching aus der Muskel-Sehnen-Einheit herauszudrücken, ähnlich wie Zahnpasta aus der Tube und solange das Ödem nicht erhärtet ist, kön-

78: VORDERBEIN ANHEBEN
Nehmen Sie ein Vorderbein des Pferdes und heben Sie es ungefähr im 90-Grad-Winkel an. Halten Sie diese Position für ca. 10 Sekunden. Bitte achten Sie darauf, dass ihr eigener Rücken dabei gerade bleibt, damit Sie keine Rückenprobleme bekommen.

Abb. 79: HINTERBEIN STRECKEN
Nehmen Sie ein Hinterbein und ziehen Sie vorsichtig nach hinten, bis es vollständig gestreckt ist. Bei Verspannungen in den Regionen 5,6 oder 7 werden Sie das Bein nicht vollständig strecken können. Gehen Sie langsam vor, wenn das Pferd versucht, das Bein wegzuziehen. Warten Sie, bis es sich wieder entspannt und beruhigt hat und versuchen Sie es erneut. Seien Sie geduldig - dieses Stretching bedarf einiger Übung! Halten Sie die mögliche Endposition für fünf Sekunden.

Gymnastik für das Pferd

80: HINTERBEIN ZUR SEITE STRECKEN
Nehmen Sie ein Hinterbein und ziehen Sie es vorsichtig so weit wie möglich zur Seite. Auch wenn es seltsam aussieht: Sie können das Bein seitlich ungefähr bis zur Höhe des Sprunggelenkes anheben, aber probieren Sie einfach, wie weit Sie kommen. Bitte halten Sie diese Position für fünf Sekunden.

81/82: HINTERBEIN NACH VORNE STRECKEN
Nehmen Sie den Hinterhuf in die Hand und ziehen Sie das Bein nach vorne (81).
Ungefähr 3/4 der Strecke hin zu den Vorderbeinen sollte möglich sein (82). Bei Verspannungen in Region 8 ist diese Übung schwierig für das Pferd. Halten Sie keinesfalls Ihren Kopf über den Huf und achten Sie darauf, wie ich auf dem Foto meine Hand auf dem Huf liegen habe. In dieser Position würde mich das Pferd, wenn es ausschlägt, von sich weg schleudern. Halten Sie diese Position für fünf Sekunden.

81   82

Gymnastik für das Pferd

nen Sie alleine durch gezieltes Stretching bereits sehr viel erreichen, härtere Regionen lockern Sie vorher mit dem PS. Wir beginnen beim Stretching zunächst mit den Beinen und arbeiten dann mit Rücken und Hals. Wenn das Pferd zunächst einmal ausweicht, wenn Sie die Stretchübungen mit ihm beginnen, dann gehen Sie langsam Schritt für Schritt vor. Erhöhen Sie täglich vorsichtig die Anforderungen, bis Sie die Endpositionen wie auf den Abbildungen erreicht haben. Arbeiten Sie ruhig und geduldig, damit sich das Pferd an die ungewohnten Bewegungen gewöhnen kann!

Alle Stretchübungen sollten Sie wenn möglich täglich an jedem Bein drei Mal durchführen. Übung macht dabei den Meister!

6.4.1. DER KAROTTENTRICK

Der Karottentrick sorgt dafür, dass Hals, Schultern und damit auch die Vorderbeine Ihres Pferdes mehr Beweglichkeit erhalten. Diese Übung macht besonders viel Spaß für Pferd und Trainer. Das Pferd erhält für`s Stretching eine Belohnung und Sie können beinahe täglich einen Fortschritt in Bezug auf die Beweglichkeit des Pferdes beobachten. Alles was Sie dafür brauchen, ist eine Karotte.

Vielleicht haben Sie Ihr Pferd auf der Koppel schon einmal dabei beobachtet, wie es sich mit dem Hinterhuf am Kopf gekratzt hat, oder dass es mit den Zähnen eine juckende Stelle am Hinterbein oder an der

83: Viele Pferde lieben Karotten (Bananen übrigens auch...). Dies machen wir uns mit der nächsten Übung zu Nutze!

Gymnastik für das Pferd

84: Pferde sind eigentlich viel beweglicher, als man gemeinhin annimmt! Diese Lusitanostute schafft den zweiten Karottentrick sogar ohne Karotte, aber dafür mit Hilfe eines juckenden Rückens...

Gymnastik für das Pferd

> Bei diesen Übungen ist es besonders wichtig, immer mit der auf Abb. 85/86 gezeigten Übung zu beginnen und auch mit dieser Übung aufzuhören. Achten Sie darauf, dass der Rücken des Pferdes dabei gerade ist, damit das Pferd den Kopf wirklich gerade herunterbiegt. Über lange Zeit angewendet wird der Karottentrick dafür sorgen, dass sich die Nacken- und Halswirbel Ihres Pferdes durch das Stretching lockern und später im entspannten Zustand wieder sauber ihre Position halten. Diese Übungen ergänzen das PS sinnvoll.

Kruppe bearbeitet, wobei es jeweils eine ungewöhnliche Gelenkigkeit entwickelt (Abb. 84). Unsere Übungen provozieren ähnliche Bewegungsabläufe, wobei es sich empfiehlt, sie zunächst einmal kurz vor der Futterzeit durchzuführen. Eine Karotte wird den Pferdekopf mitsamt dem Hals nach und nach in eine gewünschte Richtung locken. Dabei stretchen wir bestimmte Muskelpartien und lockern gleichzeitig die Wirbelsäule. Nachdem das Pferd alle Stretching-Positionen kennen gelernt hat, wird es zunehmend problemloser nach seiner Karotte zu greifen versuchen. Schon nach einigen wenigen Versuchen werden Sie außerdem bemerken, dass es günstiger ist, eine lange, schmale Karotte an Stelle einer kurzen, dicken zu verwenden. Schließlich sollen Sie durch die Übung keine Probleme mit angeknabberten Fingerspitzen bekommen...

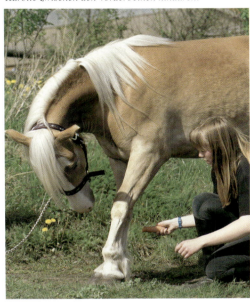

85: 1. KAROTTEN-STRETCHING
Führen Sie Kopf und Hals Ihres Pferdes mit Hilfe der Karotte zwischen den Vorderbeinen hindurch.

86: Wenn der Hals regelrecht auf der Brust liegt, dann - und nur dann - lassen Sie das Pferd von der Karotte beißen. Achten Sie darauf, dass der Pferderücken dabei völlig gerade ist!

Gymnastik für das Pferd

Manche dieser Karottenübungen sehen zwar seltsam aus, aber mit einiger Übung kann Sie jedes Pferd nachvollziehen - es sei denn, Ihr Pferd mag keine Karotten. Lassen Sie das Pferd zu Beginn des Stretchings ruhig am maximalen Punkt, bevor es anfängt, mehr als Kopf und Hals in die gewünschte Richtung zu bewegen, von der Karotte beißen. Wir wollen zunächst mit der Übung von Abb. 85 die Halswirbelsäule des Pferdes stretchen und dies dann mit der folgenden Übung, dem 2. Karottentrick (Abb. 87/88/89) seitlich nach links und rechts wiederholen. Lassen Sie sich mit dieser Übung genügend Zeit! Es darf ruhig drei Wochen dauern, bis das Pferd die Endposition erreicht. Steigern Sie die Anforderungen langsam und gehen Sie jeweils pro Woche nur so weit, wie ich es auf den Bildern zeige!

Ich hoffe, dass Sie Ihrem Pferd wirklich drei Wochen Zeit gegeben haben, um diese Übung durchzuführen - schließlich können Sie ja auch nicht auf Anhieb einen Spagat hinlegen, oder? Nach den drei Wochen werden Sie aber nach weiterem Training bemerken, dass Hals, Schulter und Vorderbeine Ihres Pferdes bedeutend elastischer geworden sind. Alleine mit dieser Übung können Sie schon viel bei Ihrem Pferd erreichen. Verspannungen im Hals- und Schulterbereich können vermieden werden und gemeinsam mit dem Druckpunktsystem werden Sie das Wohlbefinden Ihres Pferdes deutlich verbessern.

87: 2. KAROTTEN-STRETCHING, 1. WOCHE
Führen Sie das Pferd eine Woche lang mit der Karotte bis zu dieser Position und lassen Sie es ein Stück abbeißen. Die Bewegung ist zunächst für das Pferd nicht so einfach, schließlich soll es nur den Hals biegen, damit die Muskeln auch gehörig gestreckt werden. Vergessen Sie nicht, nach der beidseitig durchgeführten Übung abschließend das Stretching von Abb. 85/86 durchzuführen!

88: 2. KAROTTEN-STRETCHING, 2.WOCHE
Innerhalb der 2. Woche können Sie die Muskeln beidseitig schon ein wenig mehr bis zu der gezeigten Position stretchen. Auch wenn die Übung zunächst einfach aussieht, so braucht es doch eine gewisse Zeit, bis die Muskeln ihre maximale Flexibilität erreichen. Achten Sie darauf, dass das Pferd nicht den Körper, sondern nur den Hals zur Karotte dreht. Denken Sie an die 1. Übung zu Beginn und zum Abschluss.

89: 2. KAROTTEN-STRETCHING, 3.WOCHE
In der 3. Woche können Sie beidseitig die maximale Streckung verlangen. Sie haben dem Pferd genügend Zeit gelassen, um sich an die extreme Bewegung zu gewöhnen.

SCHLUSSWORT

Ich weiß, dass Sie alle viel Freude an Ihrem Pferd haben und sich Ihrer großen Verantwortung bewusst sind, denn sonst hätten Sie sich wohl kaum dieses Buch gekauft. Manche von Ihnen sind erfahrene Pferdeleute, andere besitzen vielleicht erst seit kurzem ein Pferd und wieder andere reiten nur bei Gelegenheit.

Pferde scheinen nur einfach zu sein, weil Sie sich an uns anpassen. Sie brauchen jedoch eine faire, konsequente Führung, damit sie ihre Kraft voll für uns entfalten und wir uns an ihrem Temperament erfreuen können, ohne dass das Tier seine Persönlichkeit dafür aufgeben muss. Echte Entspannung kann nur von innen aus dem Pferd heraus kommen.

Bleiben wir aber realistisch: Verlangen Sie nicht von Ihrem Pferd, dass es sich entspannt, solange Sie nicht selbst dazu in der Lage sind! Unter Zwang funktionieren weder Sie, noch Ihr Pferd perfekt.

Überall auf der Welt gibt es Menschen, die hervorragend mit ihren Pferden auskommen und jeder hat da so seine eigenen kleinen Methoden und Geheimnisse auf dem Weg zu einer erfolgreichen Zusammenarbeit mit dem Pferd. Alle diese Wege sind richtig - solange an ihrem Ende der Erfolg steht. Der „heiße Draht zum Pferd", die Arbeit mit den Muskeln im PS kombiniert mit der „Kopfarbeit" des BT`s ist mein persönlicher Weg und ich wollte ihn mit Ihnen teilen. Vielleicht war es mir möglich, Ihnen in diesem Buch einige Anregungen zu geben, damit Sie und Ihr Pferd zufriedener und entspannter in die Zukunft reiten können.

Mein herzlicher Dank geht an alle, die mich bei der Entstehung dieses Buches unterstützt und motiviert haben. Dies gilt in Bezug auf die Fotoaufnahmen vor allem für die Pferdebesitzer und die Old Mountain Ranch.

Besonders hervorheben möchte ich den unermüdlichen Beistand von Helmut und Adelheid Lauber, sowie Christiane Slawik, die mir ihre deutsche Sprache geliehen hat und ohne deren Hilfe dieses Buch wahrscheinlich nie entstanden wäre.

Am Schluss erinnere ich noch an einige Mitglieder meiner Familie, da sie mich im Hinblick auf die Pferde entscheidend beeinflusst haben:

Bessy Olson
Lenus Olson
Donald Olson
Shawn Olson
Matt Miller

Über den Autor

ÜBER DEN AUTOR:

Der bisher überwiegend in den USA und Australien tätige Amerikaner hatte schon von Kindheit an intensiven Umgang mit Pferden. Das seit Generationen mündlich überlieferte Wissen seiner weitverzweigten Familie wurde in den USA, Kanada und Australien erprobt.

Olson hielt es erstmals in Schriftform fest. Er kombinierte all seine Erfahrungen und entwickelte daraus als Vermittler zwischen Mensch und Pferd verschiedene Systeme, um das Wohlbefinden der Pferde im Dienste des Menschen zu steigern.

Chris Olson lebt zur Zeit in Deutschland und schulte auch hier bereits viele Pferde und ihre Besitzer erfolgreich in seiner leicht erlernbaren Olson-Methode, dem „heißen Draht zum Pferd", einer kombinierten psychologischen und physiologischen Arbeitsweise mit Pferden.

Kontaktadresse und Buchungen:
Chris Olson
Schepshaker Str. 28
32351 Stemwede
Tel. 05474/912111
Fax 05474/205737
www.chrisolson.de

WEITERE BÜCHER
AUS DER REITERPRAXIS-REIHE

Erika Bruhns
Mit Pferden spielen

broschiert, 96 Seiten, farbig
ISBN 3-86127-513-9
DM 19,90/ÖS 145,-/SFR 19,-

Renate Ettl
Praktische Pferdemassage

Techniken zur Muskellockerung und Dehnung

broschiert, 96 Seiten, farbig
ISBN 3-86127-519-8
DM 19,90/ÖS 145,-/SFR 19,-

Clasissa L. Busch
Die Hilfengebung des Reiters

Grundbegriffe der harmonischen Verständigung zwischen Reiter und Pferd

Broschiert, 96 Seiten, farbig
ISBN 3-86127-517-1
DM 19,90/ÖS 145,-/SFR 19,-

Marie-Luise v.d. Sode
Was mein Pferd mir sagen will

Pferde besser verstehen

Broschiert, 96 Seiten, farbig
ISBN 3-86127-516-3
DM 19,90/SFR 19,-/ÖS 145,-

Angelika Schmelzer
Altes Reiterwissen - neu entdeckt

Die Werke der alten Reitmeister sind eine Fundgrube für Reiter von heute. Ihre Ansichten sind oft erstaunlich modern.

Broschiert, 96 Seiten, farbig
ISBN 3-86127-510-4
DM 19,90/ÖS 145,-/SFR 19,-

Marie-Luise von der Sode
Der Gaul macht nicht mit

Die Autorin gibt im Frage/ Antwort-System Lösungsansätze.

Broschiert, 80 Seiten, farbig
ISBN 3-86127-505-8
DM 19,90/ÖS 145,-/SFR 19,-

Prospekt anfordern bei:
Cadmos Verlag GmbH · Lüner Rennbahn 14 · D-21339 Lüneburg
Tel. 04131-981666 · Fax 04131-981668

Besuchen Sie uns im Internet unter www.cadmos.de

GESUNDHEIT
– EIN WICHTIGES THEMA

Renate Ettl
Sporttherapie für Pferde
Vorbeugung und Therapie

Gebunden, 160 Seiten, farbig
ISBN 3-86127-351-9
DM 59,80/ÖS 437,-/SFR 57,-

Gail Williams/ Martin Deacon
Hufbalance
Schlüssel zu Gesundheit und Leistung
Die Wirkung des korrekt gestellten Hufes

Gebunden, 160 Seiten, farbig
ISBN 3-86127-353-5
DM 49,80/ÖS 364,-/SFR 47,-

Ch. Heipertz-Hengst
Pferde richtig trainieren
Durch richtiges Training die Leistungsfähigkeit verbessern.

Gebunden, 128 Seiten, farbig
ISBN 3-86127-341-1
DM 44,-/ÖS 322,-/SFR 41,-

Anke Rüsbüldt
Rückenprobleme bei Pferden
Eine Anleitung, Rückenprobleme zu erkennen und zu behandeln.

Gebunden, 80 Seiten, farbig
ISBN 3-86127-335-7
DM 32,-/ÖS 234,-/SFR 29,80

Anke Rüsbüldt
Sommerekzem
Zur Erkennung und Vorbeugung.

Gebunden, 80 Seiten, farbig
ISBN 3-86127-314-4
DM 32,-/ÖS 234,-/SFR 29,80

Anke Rüsbüldt
Hufrehe
Dieses Buch gibt Tipps zur Vermeidung und Behandlungshinweise.

Gebunden, 96 Seiten, farbig
ISBN 3-86127-324-1
DM 32,-/ÖS 234,-/SFR 29,80

CADMOS PFERDEBÜCHER

Prospekt anfordern bei:
Cadmos Verlag GmbH · Lüner Rennbahn 14 · D-21339 Lüneburg
Tel. 04131-981666 · Fax 04131-981668

Besuchen Sie uns im Internet unter www.cadmos.de

Jedes Heft DM 9,95
ÖS 73,- · SFR 10,-

GUTER RAT
FÜR PFERDEFREUNDE

Kelly Marks
Führen und Verladen
Tipps und Tricks

ISBN 3-86127-239-3

Ringsell
Hufpflege und Hufbeschlag

ISBN 3-86127-238-5

Pamela Hannay
Shiatsu für Pferde
Massage-Techniken

ISBN 3-86127-241-5

Heike Groß
Was mein Pferd nicht fressen darf
Giftpflanzen und anderes Ungenießbares

ISBN 3-86127-236-9

Nikola Fersing
Offenstallhaltung
Das ABC der artgerechten Pferdehaltung

ISBN 3-86127-237-7

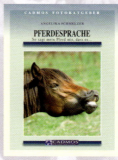

Angelika Schmelzer
Pferdesprache
So sagt mein Pferd mir, daß es...

ISBN 3-86127-235-0

Fielder
Doppellongenarbeit
Tipps für den Umgang mit der Doppellonge

ISBN 3-86127-234-2

Humphries
Sättel richtig anpassen
Wie er richtig sitzen soll

ISBN 3-86127-231-8

Prospekt anfordern bei:
Cadmos Verlag GmbH · Lüner Rennbahn 14 · D-21339 Lüneburg
Tel. 04131-981666 · Fax 04131-981668

Besuchen Sie uns im Internet unter www.cadmos.de